Inhalt

W0085373

Martina Flath

Lernen mit neuen Medien im Geographieunterricht

Die veränderte Lebensumwelt von Kindern und Jugendlichen sowie mögliche Schlussfolgerungen und Veränderungen, die sich daraus für den Geographieunterricht ergeben, sind seit geraumer Zeit ein Aspekt der geodidaktischen Diskussionen. Der soziale Wandel in unserer Gesellschaft ist gekennzeichnet durch Faktoren wie die sich verändernde Arbeitswelt, veränderte Bedingungen in den Familien, neue Freizeitmöglichkeiten und Freizeitstile in Korrelation mit einer rasanten technologischen Entwicklung in der Medienwelt. Durch ihre quantitativen und qualitativen Wirkungen haben die neuen Medien einen geradezu revolutionären Einfluss auf unsere Lebensumwelt und beeinflussen den sozialen Wandel nachhaltig.

Kinder und Jugendliche wachsen in dieser neuen, multimedialen Welt auf. Kinder- und Jugendzimmer sind Informationszentren, in denen Computer, Radio, Fernsehen, Telefon vernetzt sind. Die Anwendung neuer Technik bzw. Technologien zur Eingabe und Verarbeitung, zum Transport und zur Ausgabe von Daten sowie die Nutzung von Datennetzen ermöglichen es, verschiedene Medien wie Texte, Karten, Graphiken, Videoclips, Bilder zeitgleich zusammenzuführen, jeder Zeit weltweit über ein Überangebot an aktuellen Informationen jeder Art verfügen zu können und dabei sowohl als Empfänger und als Sender von Informationen aufzutreten. Doch sind Kinder und Jugendlichen auch in der Lage die Informationsfülle zu bewältigen? Können Sie Datennetze als Informations- und Kommunikationsmittel nutzen, die Vielzahl der angebotenen Informationen sinnvoll verarbeiten?

An den Umgang mit Informationen und Wissen, an die Sach-, Methoden-, Sozial-, und Selbstkompetenz der jetzt in der Schule lernenden und im späteren Leben zum ständigen Weiterlernen gezwungenen jungen Generation, müssen deshalb neue Anforderungen gestellt werden.

Wenige ausgewählte Aspekte sollen die Dimension der Veränderung belegen:

- Neue Kommunikations- und Informationswege werden beschritten. Die Kommunikation zwischen den Menschen hat sich bereits verändert und wird sich weiter verändern.
- Der Lernstandort „Computer" ermöglicht es, dass reale und virtuelle Räume auf dem Bildschirm erzeugt, vermischt und verändert werden.
- Räumlich Fernes kann in Minutenschnelle greifbar nah sein. Ein verändertes Verhältnis zu Nähe und Ferne, zu Raum und Zeit entsteht.
- Daten, die aus dem Internet gewonnen werden, erfordern beim Nutzer Kenntnisse und Fähigkeiten, um die Daten in einen Kontext zu stellen, damit sie einen Wert als Information erhalten.

Die Schule, der Geographieunterricht eingeschlossen, muss sich sowohl auf den multimedianutzenden und damit den multimediavorgebildeten als auch auf den multimediaablehnenden Schüler einstellen. Auch der Einsatz multimedialer Software und immer modernerer Hardware im Unterricht erfordert Überlegungen zur didaktisch-methodischen und zeitlich-räumlichen Struktur des Lernens und Lehrens. Integration neuer Medien in der Schule wird Veränderungen in der Unterrichtsorganisation, in der Rolle von Lehrer und Schülern, in den zu beherrschenden Lernmethoden und in vielen anderen Seiten der Unterrichtsdidaktik nach sich ziehen.

Geographiedidaktiker und Schulgeographen (OBERMANN, SCHRETTENBRUNNER, WAGNER u. a.) haben wiederholt auf die Bereicherung und die Risiken aufmerksam gemacht, die aus der Nutzung von multimediale Software (nicht nur Lernsoftware) und der Nutzung des world wide web in und außerhalb der Schule für das Lernen im Geographieunterricht abzuleiten sind.

Geographische Themen und Gegenstände pädagogisch wirksam und zielgerichtet in Lehr- und Lernprozessen umzusetzen, erforderte zu allen Zeiten den effektiven Einsatz und Verbund zahlreicher, oft in Repräsentationsform und Darbietungsform sehr unterschiedlicher Medien im Geographieunterricht. Viele neue Medien haben verbunden mit dem technologischen Fortschritt im 20. Jahrhundert in den Geographieunterricht Einzug gehalten. Haben sie aber immer den pädagogischen Erfolg gebracht, den wir uns versprochen haben? Deshalb sollte die Begeisterung über die neuen medialen Möglichkeiten, die multimediale Software und weltweit verfügbare Datennetze, bieten, gepaart sein mit einer guten Portion kritischer Distanz und einem ganzen Bündel Fragen zum Lernen mit den neuen Medien im Geographieunterricht.

Das 6. „gothaer forum" zum Thema: „Multimedia – interaktives Lernen im Geographieunterricht" möchte sich einbringen in die fachdidaktische Diskussion zu Multimedia, Denkanstöße und Handlungsansätze für die geographiedidaktische Forschung und einen zukunftsorientierten Geographieunterricht vermitteln.

Die Beiträge des Heftes widerspiegeln die inhaltliche und didaktisch-methodische Spannweite des Themas „Multimedia". Pädagogische und psychologische Positionen zum Lernen mit multimedialer Lernsoftware und Datennetzen werden aufgegriffen, Auffassungen zur Inszenierung und didaktischen Strukturierung von geographischer Lernsoftware und Konsequenzen für den Geographieunterricht diskutiert (Vgl. Obermann, H., Schrettenbrunner, H.)

Geographielehrer, die sich persönlich stark für die Nutzung neuer Medien engagieren, stellen Ihre Erfahrungen und empirische Untersuchungsergebnisse beim Einsatz ausgewählter Software vor (Vgl. die Beiträge von Roseeu, R., Püschel, L., und Gerharz, G.). Sie weisen auf Erfolge, Defizite und Problem hin, äußern aber auch ihre Wünsche und Erwartungen an die Didaktik der Geographie, denn die Geographielehrer brauchen offensichtlich Hilfe, um das Lernen ihrer Schüler im Geographieunterricht in der Informationsgesellschaft sinnvoll und erfolgreich gestalten zu können.

Aus der Sicht unserer österreichischen Nachbarn werden Vorgehensweisen, Projekte und Erfahrungen in der Lehrerfortbildung zur Nutzung multimedialer Lernsoftware und von Datennetzen im Geographieunterricht dargestellt. (Vgl. Dehmer, W. und Koller, A.), um den Geographielehrern die Berührungsangst mit den neuen Medien zu nehmen und Kompetenzen zu entwickeln.

Die Beiträge dieses Buches und die Diskussion auf dem „6. gothaer forum" haben eines deutlich gemacht: Zum gegenwärtigen Zeitpunkt gibt es zum Lernen mit Multimedia im Geographieunterricht mehr Fragen als Antworten. Doch darin steckt gerade die Herausforderung an die Geographiedidaktiker und die mit neuen Medien arbeitenden Schulgeographen. Gemeinsam müssen wir an die wissenschaftliche Beantwortung solcher Fragen gehen wie:
• Wann ist der Einsatz des Computers im Geographieunterricht überhaupt sinnvoll und notwendig? Welche Kriterien helfen den Geographielehrern ein kritische Distanz zum unterrichtlichen Einsatz des Computer zu entwickeln?

- Worin ist die neue Qualität von Multimedia im Vergleich zu tradidtionellen Medien im Geographieunterricht zu sehen?
- Kann Lernsoftware die Effizienz des Lernens und den Lernerfolg steuern bzw. beeinflussen? Wie können Lernerfolge bewertet werden, wenn Datennetze von den Schülern genutzt werden?
- Wie können Datennetze und multimediale Lernsoftware zur Aktualisierung, Veranschaulichung und Individualisierung von geographischen Lerninhalten beitragen?
- Wie muss ein unterrichtliches Informationsmanagment aussehen, dessen Schwerpunkt nicht die Suche von Informationen ist, sondern die Informationsverarbeitung?
- Welche Formen der elektronischen Kommunikation sind unterrichtlich interessant und können damit zu Lehr- und Lernmethoden im Geographieunterricht werden?
- Wie kann dem Realitätsverlust, der durch das Arbeiten in virtuellen Welten auftreten kann, sowie dem veränderten Verhältnis von nähe und Ferne didaktisch begegnet werden?
- In welchem Maße beeinflussen vernetzte Lernumgebungen die didaktisch-methodische und die zeitlich-räumliche Grundstruktur von Lernen und Unterrichten?
- Wie verändern sich durch multimediales Lehren und Lernen die Rollen von Lehrer und Schüler im Geographieunterricht?
- Welche Arbeitsmethoden und –techniken müssen die Schüler beherrschen, damit die neuen Medien als Mittel zum Lernen genutzt werden können?

Uns allen viel Erfolg, denn um mit Berthold Brecht zu sprechen:
„Die Mühen der Gebirge liegen hinter uns, vor uns liegen die Mühen der Ebenen"

Helmut Obermann

Lernen und Lehren mit Multimedia-Software im Geographieunterricht

Die Ausstattung der Schulen mit Personalcomputern und entsprechenden Peripheriegeräten wird weiterhin forciert, um den Einsatz von „neuen" digitalen Medien im Unterricht zu ermöglichen und die Vermittlung von Medienkompetenz und Medienbildung zu fördern. Dementsprechend wird dem sinnvollen Einsatz von Internet-Angeboten und der Verwendung von Multimedia-Software im Unterricht eine immer größer werdende Bedeutung zugesprochen. Denn in einer von Medien bestimmten Welt soll die Schule ihren Beitrag dazu leisten, dass Kinder und Jugendliche sachgerecht, selbstbestimmt, verantwortungsvoll, kreativ mit Medien umgehen, kommunizieren und publizieren können. Der Zugriff auf CD-ROM und Web-Sites wird auch das Lehren und Lernen im Geographieunterricht beeinflussen und die klassischen Informationsträger wie Print-Medien und audiovisuelle Medien ergänzen. Insbesondere Multimedia-Lernangebote auf CD-ROM werden zunehmend Einzug in die Unterrichtsvorbereitung und -gestaltung finden, wenn diese gewissen Gütekriterien entsprechen und im entsprechendem Unterrichtskontext zum Einsatz kommen. Folgende Ausführungen beziehen sich zuvorderst auf Offline-Angebote und bilanzieren Erfahrungen der Gestaltung von Multimedia-Software und deren Erprobung im Geographieunterricht.

Das Multimediale in Lernanwendungen

Nach wie vor wird Multimedia als Begriff unterschiedlich interpretiert und dementsprechend unpräzise gebraucht. Stand Multimedia früher für die Verbindung mehrerer technischer Einzelmedien, so schließt der Begriff heute eine Vielzahl an Darstellungs- und Kommunikationsmöglichkeiten im Umgang mit Computern und Programmen ein. Eine umfassende Charakterisierung von Multimedia hat SACHER (1998) zusammengestellt, indem er als entscheidende Merkmale anführt: Integration mehrerer Medien, Multimodalität (Ansprache verschiedener Sinne), Multicodalität (verschiedene Co-

dierungen und Symbole), Multilinearität und Interaktivität. Bei neueren Softwareangeboten, die für den schulischen Einsatz im Fachbereich Geographie konzipiert sind, werden zunehmend
- Text, stehende und animierte Grafik, Videosequenzen, Sprach-, Musik und Soundausgaben integriert,
- Informationen visuell und auditiv vermittelt,
- Informationen in Sprache, Bildern, Texten, Grafiken, Karten und in anderen Darstellungen präsentiert und
- die Bearbeitungswege nicht linear vorgegeben.

Besonderes Interesse bei Multimedia-Anwendungen verdient der Aspekt Interaktivität, da diese eine aktive Auseinandersetzung mit den multimedialen Angeboten fördert und für den Lernprozess von zentraler Bedeutung zu sein scheint. Je mehr sich Anwender in einzelnen Anwendungen des Programms aktiv einbringen können, desto attraktiver wird die Nutzung und motiviert zum Arbeiten. Zur Interaktivität gibt es inzwischen zahlreiche Merkmalslisten, die entscheidende Komponenten der Interaktivität benennen und Möglichkeiten der Differenzierung aufzeigen. So sind unter „formaler Interaktivität" zahlreiche Steuerungsformen zu verstehen, die sich auf Bedienungsfunktionen und Navigation von Multimedia-Programmen beziehen:
- Ein Wechsel der Eingabeform ist möglich.
- Das Beenden, Unterbrechen, Wiederholen und Überspringen der aktuellen Programmfunktion ist jederzeit realisierbar.
- Eine Hypertext-Struktur lässt die Bearbeitung der Textinformationen auf verschiedenen Wegen zu.
- Durch eine hypermediale Struktur kann außer zu Textinformationen auch zu Grafiken, Soundeffekten und Kurzfilmsequenzen verzweigt werden.

Hinzu kommt eine Ergänzung der Merkmale im Sinne einer „didaktischen Interaktivität":
- Die Parameter einzelner Lernanwendungen lassen sich in Hinblick auf Interessen, Vorkenntnissen und Niveaus der Nutzer anpassen.
- Text-, Karten- und Bildinformationen können ausgewählt, zusammengestellt und mit Kommentaren versehen werden.
- Ein Erweitern und Aktualisieren von Informationen ist möglich.
- Die Programmanwendung kann in unterschiedlichen Lernumgebungen verwendet werden und unterstützt sowohl Einzel- wie auch Partner- und Gruppenarbeit.
- Tools zur Präsentation von Arbeitsergebnissen sind integriert.

Denn eine noch so formal perfekte Programmgestaltung bedarf einer didaktisch fundierten Instruktion von Inhalten und Methoden. Auch ist vor dem Einsatz dieser Produkte eine genaue Prüfung zu empfehlen, ob in der anvisierten Klassenstufe die Voraussetzungen für einen sinnvollen Umgang mit dem entsprechendem Medium erfüllt sind. Reichen etwa die Vorkenntnisse der Schüler zum Verständnis der Inhalte aus, ist die Begriffsebene, das Abstraktions- oder das Sprachniveau adressatengerecht? Außerdem wäre es wünschenswert, dass authentische Problemstellungen berücksichtigt und Anregungen zur Entwicklung von Lösungsstrategien gegeben werden. Dabei gewinnt der Ansatz des „expertenunterstützten Lernens" an Bedeutung, indem Kenntnisse zur Lösung eines vorgegebenen komplexen Problems mit Hilfe von Experten erworben werden. Hierbei stehen in hypermedialen Lernumgebungen Hilfen auf Abruf zur Verfügung, die das Wissen ergänzen und auf Fehler aufmerksam machen.

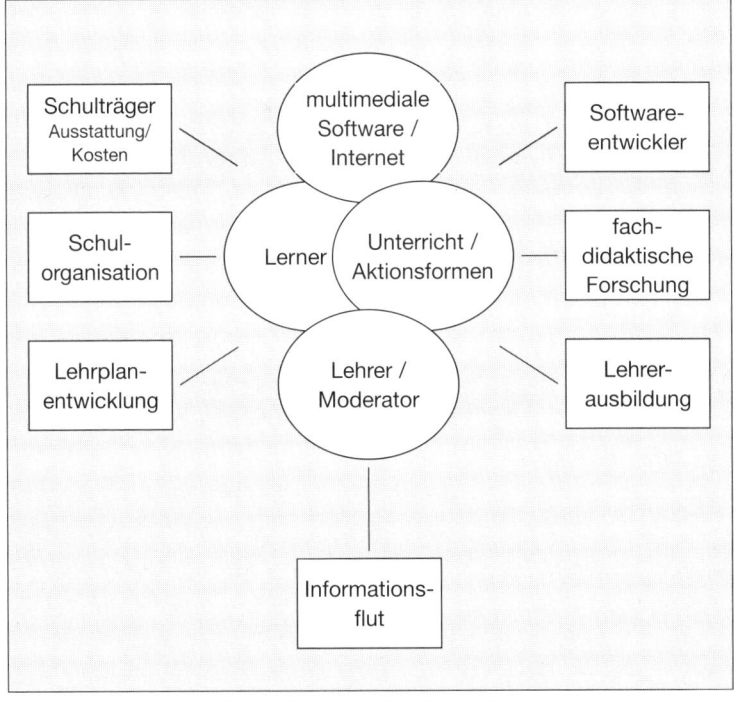

Abb. 1: Wirkungsgeflecht einer multimedialen Lernumwelt

So ist das Lernen mit Multimedia-Anwendungen in ein Wirkungsgeflecht von Faktoren eingebunden, das in seiner gegenseitigen Be-
einflussung nur in Ansätzen untersucht ist. Für einen effizienten
Einsatz im Schulbereich sollten aufgrund praktischer Erfahrungen
heraus viele dieser Faktoren optimal zusammenwirken.

Versuch einer Klassifikation multimedialer
Software für den Geographieunterricht

Jährlich wächst das Angebot an Multimedia-Software und zugleich
auch deren Anzahl mit einem thematischen Bezug zur Geographie,
wobei nur wenige Titel ausschließlich für den schulischen Bereich
konzipiert sind. Insbesondere werden die Programme für mehrere
Zielgruppen entwickelt, um möglichst kostendeckende Verkaufs-
auflagen zu erhalten. Neben den kommerziellen Angeboten von
Verlagen, Behörden und Medieninstituten bieten auch Ministerien
auf Länder-, Bundes- und Europaebene im Rahmen ihrer Öffent-
lichkeitsarbeit kostenlos oder zum Selbstkostenpreis Multimedia-
Software an, die teilweise im Geographieunterricht eingesetzt werden kann.

Bei dieser breiten Angebotspalette an multimedialen Lern- und
Informationsangeboten, die aus den unterschiedlichsten Motiven
heraus Unterrichtsinhalte und -situationen unterstützen und ergänzen wollen, ist es schwierig eine Klassifizierung vorzunehmen. Dennoch lassen sich acht Typen von Multimedia-Angeboten aufgrund
ihrer inhaltlichen und methodischen Strukturierung sowie der do-
minanten Ablaufroutine unterscheiden.

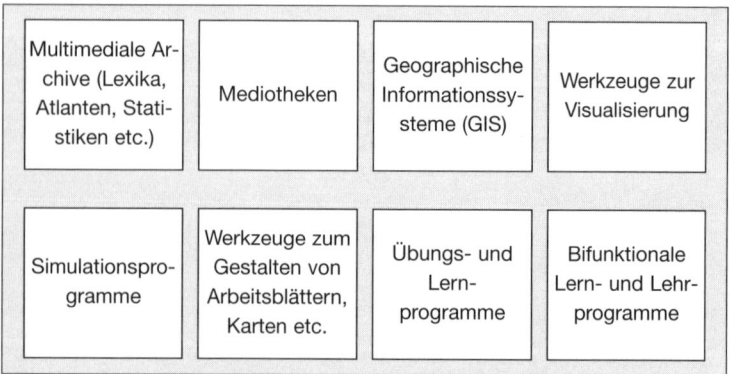

Multimediale Ar-chive (Lexika, Atlanten, Stati-stiken etc.)	Mediotheken	Geographische Informationssy-steme (GIS)	Werkzeuge zur Visualisierung
Simulationspro-gramme	Werkzeuge zum Gestalten von Arbeitsblättern, Karten etc.	Übungs- und Lern-programme	Bifunktionale Lern- und Lehr-programme

Abb. 2: Multimediale Software für den Geographieunterricht

- Bei multimedialen Archiven sind Bilder, Texte, Karten und Sound so auf CD-ROMs abgespeichert, dass entweder mit entsprechenden Suchroutinen oder mit visuellen Navigationshilfen schnell auf den Informationspool zugegriffen werden kann. Länderlexika, Almanache, Atlanten oder topographische und thematische Kartensammlungen, statistische Datenbanken auf Länder-, Bundes- und Europaebene oder Literatur-Datenbanken, um nur einige Beispiele dieser Kategorie zu nennen, bieten Informationen in Hülle und Fülle. Leider sind unter den Angeboten große Qualitätsunterschiede evident.
- Unter Mediotheken sind themenorientierte Präsentations- und Unterrichtssoftware-Angebote zu verstehen, die als interaktive Mediensammlungen für die Planung und Gestaltung von Unterrichtsstunden oder als Materialquelle für Referate Verwendung finden. Themenorientiert bieten sie Fotos, interaktive Bildinformationen, Trick- und Videofilmsequenzen, Simulationen, Datenbanken, Glossar, Lexikon, Vorlagen zur Herstellung selbstgefertigter Folien, Informations- und Arbeitsblätter. Mediotheken auf DVD - Systemen werden zukünftig andere Medienträger wie Dia, Film, OH-Folie und Musik-CD ersetzen, da ausreichend Speicherplatz für die visuellen und auditiven Informationen zu einem Thema vorhanden ist.
- Das Herstellen und Gestalten von Unterrichtsmaterialien ist eine aufwendige Arbeit. Um dies zu erleichtern, gibt es Angebote zur individuellen Herstellung von Arbeitskarten, Arbeitsblättern, Test- und Klausuraufgaben. Zu einem Fundus von Vorlagen können häufig auch eigene Entwürfe hinzugefügt werden.
- Was im professionellen Bereich schon seit vielen Jahren unter der Bezeichnung Geographische Informationssysteme (GIS), also Computeranwendungen zur Erfassung, Verarbeitung und Präsentation von Geodaten, sehr erfolgreich im Einsatz ist, findet jetzt auch seinen Weg in die Schulen. Mit GIS-Anwendungen können geübte Oberstufenschüler zum Beispiel thematischen Karten schichtenweise anlegen und diese sachbezogen zusammenfügen, um komplexe Rauminformationen zu visualisieren und deren Zusammenhänge verstehen zu lernen.
- Zur Kategorie Werkzeuge zur Visualisierung zählen Programmangebote, mit deren Hilfe Schaubilder, Diagramme, Kartogramme und vieles mehr gestaltet werden können. Oder sie unterstützen mit audiovisuellen Hilfen die Entwicklung eines Mind-Maps oder den Aufbau von Wirkungsnetzen.
- Bei Programmen zur Simulation und Modellbildung können Schüler durch Veränderungen von Parametern Situationen in

einem fiktiven Raum simulieren. Dabei erhalten sie sofort Feedback, welche Kette von Wirkungen und Rückwirkungen ihre getroffenen Entscheidungen haben. Bei neueren Entwicklungen werden Planspiele in Lernumgebungen integriert. Mehrere Spieler können in unterschiedlichen Rollen schlüpfen, sich im kurzfristigem, langfristigem und nachhaltigem Denken üben und dabei Zusammenhänge zwischen individueller Entscheidung und Auswirkung auf die Gesamtheit erfahren.

- Übungs- und Lernprogramme standen von Anfang an groß im Kurs. Vornehmlich finden sich darunter Topographiespiele, interaktive Übungen mit gezielten Rückmeldungen und Erklärung, Tests zum geographischen Grundwissen und verschiedene Varianten von Lernquizfragen.
- Zukünftig werden bifunktionale Lern- und Lehrprogramme eine größere Rolle spielen. Denn sie sind von ihrer didaktischen Struktur so angelegt, dass sie einerseits dem Konzept des selbstgesteuerten, interaktiven und entdeckenden Lernens folgen, andererseits auch ein multimediales Medium zur Verfügung steht, das einzelne Lehr- und Lernphasen adäquat unterstützt. Als Beispiele seien genannt: CD-ROM „Die Alpen" und die CD-ROM-Reihe „Mit Alex auf Reisen".

Edutainment-Programme und Kriterien für den Einsatz im Geographieunterricht am Beispiel der Programmreihe „Mit Alex auf Reisen"

Edutainment, gebildet aus education und entertainment, steht für unterhaltsames Lernen mit Multimedia. In ihrer Konzeption berücksichtigen Edutainment-Programme eine Vielzahl multimedialer Merkmale und verbinden Lernphasen mit entspannenden und aktivierenden Spielelementen. Eine Vielzahl der für den Schulbereich angebotenen Lernsoftware firmiert bereits unter dieser Bezeichnung. Zu dieser Kategorie zählt auch die CD-ROM-Reihe „Mit Alex auf Reisen", die außerdem zu den bifunktionalen Lern- und Lehrprogrammen gerechnet werden kann. Die Reihe umfasst mehrere Angebote zu Unterrichtsthemen der Klassenstufen 4 bis 6 im Fachbereich Geographie und bindet fächerübergreifende Aspekte mit ein. Für einen problemlosen, erfolgreichen und effizienten Einsatz im Unterricht sind eine Vielzahl relevanter Anforderungen berücksichtigt, die heute multimedialen Edutainment – Programmen eigen sind.

Programmtechnische Aspekte:

Jede CD-ROM zeichnet sich durch eine schnelle Inbetriebnahme ohne aufwendige Installation, Bediensicherheit und einfache Benutzerführung aus. Eine übersichtlich und klar gegliederte Bildschirmgestaltung und ein ansprechendes Screen-Design erleichtert die rasche Orientierung. Eine Menüsteuerung mit eindeutiger Symbolsprache fördert die Dialogführung zwischen Nutzer und Programm.

Multimediale und fachdidaktische Aspekte:

Inhalte und methodisches Vorgehen orientieren sich an fachdidaktischen Erkenntnissen und werden durch ein entsprechend aufbereitetes, altersstufengemäßes Text-, Bild-, Grafik-, Ton- und Animationsangebot präsentiert. Jede einzelne Lernanwendung, ob es sich um Deutschland, Tropischer Regenwald oder Wüste handelt, sind authentisch und eröffnen multiple Perspektiven. Die Nutzer bestimmen selbst die Auswahl der Lerninhalte, das Lerntempo und die Lerntiefe. Über die Inhalts- und Hilfeseite lassen sich zudem einzelne Programmteile gezielt ansteuern. Interaktive scrollbare Kartenausschnitte und Großgrafiken mit bekannten und versteckten Spots laden zum entdeckenden Lernen ein. Jederzeit kann die aktuelle Programmfunktion beendet, unterbrochen, wiederholt und übersprungen werden. Abwechslungs- und variationsreiche, differenzierende Übungen und Lernspiele erweitern zusätzlich das selbstgesteuerte Lernen. Falls die Kenntnisse der Nutzer nicht ausreichen, können sie jederzeit Hilfe abrufen. Ein Lexikon bietet zu grundlegenden Begriffen Textinformationen mit Hypertextfunktion, Fotos und Grafiken zur bedarfsorientierten Nutzung. Alle Lexikon- und Sprechtexte, Bilder und Arbeitsblätter können über eine Druckfunktion ausgegeben werden.

Unterrichtsorganisatorische Aspekte:

Jedes Lernangebot der Reihe ist als Lern- und Lehrprogramm angelegt und daher mit verschiedenen Arbeitsformen kombinierbar. So werden lehrerzentrierte Arbeitsformen dadurch unterstützt, dass die zahlreichen, sorgfältig ausgewählten Fotos, die „Bilderflüge" samt Erklärungen sowie die integrierten Lernvideos die Aufmerksamkeit der Schüler auf ein Thema lenken, Interesse wecken und motivieren. Wird das Bild- und Filmmaterial über einen Beamer projiziert, lassen sich dadurch Vorführungen mit Dia-, Video- bzw. Filmprojektoren ersetzen. Die entsprechende Erarbeitung der geographischen Informationen kann anschließend im fragend-entwickelnden Unterrichtsgesprächen erfolgen. Hier aktivieren entsprechend konzipierte Programmseiten relevantes Vorwissen und ergänzen es durch weitere Informationsangebote, Hinweise und Hilfen.

Auch schülerzentrierte erarbeitende Formen im Rahmen einer Partner- oder Gruppenarbeit werden erfolgreich unterstützt. Bei Topographiespielen, zeitabhängigen und fehlersensitiven Spielen, Übungen unterschiedlichen Anspruchs üben, wiederholen, vertiefen, festigen die Lerner ihre Kenntnisse und wenden sie an. Ebenso wird Wissen an weiteren Beispielen, Problem- und Aufgabenstellungen mit Korrekturmöglichkeiten und Rückmeldungen erweitert, Neues mit bereits Bekanntem verknüpft und Wissen konkretisiert. Sehr ermutigende Erfahrungen liegen beim Einsatz der Programmreihe bei offenen Unterrichtsformen vor. Insbesondere im Rahmen von „Lernen an Stationen" ist die Lernanwendung bei den Schülern sehr begehrt. An der Computerstation liegen die Stations- und Arbeitsblättern aus, die zunächst über die notwendige Navigationshilfe zu dem entsprechenden Programmteil informieren. Es schließen sich die themenspezifischen Aufgabenstellungen an, die mit Hilfe der CD-ROM gelöst werden können. Da sowohl gebundene wie freie Aufgabenstellungen einschließlich spezifischen Rechercheaufträgen möglich sind, kann durchaus von einer adäquaten Unterstützung dieser Arbeitsform gesprochen werden.

Abschließend lässt sich resümieren, dass die bisherigen Unterrichtserfahrungen beim Einsatz von multimedialen Lernanwendungen durchaus ermutigend sind. Man darf zwar keine euphorischen Lernsteigerung bei Schülern erwarten, aber gut konzipierte Programmangebote, den Arbeitsformen und einzelnen Unterrichtsphasen adäquat eingesetzt, erweitern das Spektrum bzgl. Lernstrategie und Lernerfahrungen. Damit wird das Lernen nicht revolutioniert, aber es ist erforderlich das Potenzial des Lernens mit neuen Medien zu erkennen und zu nutzen.

Literatur

AUFENANGER, ST.: Lernen mit neuen Medien – Was bringt es wirklich? Forschungsergebnisse und Lernphilosophien. Medien Praktisch (1999) H. 4, S. 4–8

ISSING, L. J. und KLIMSA, P. (Hrsg.): Information und Lernen mit Multimedia. Weinheim 1995

SACHER, W.: Multimedia und Computersimulationen im Unterricht. MNU 51 (1998) H. 8, S. 452–458

TULODZIECKI, G.: Stellenwert und Einsatzmöglichkeiten von „Multimedia" im Schulunterricht. FWU-Magazin (1996) H. 5/6, S. 2–6
TULODZIECKI, G.: Multimediale Angebote – verbessern sie Lernen und Lehren? Lerntheoretische Grundlagen und didaktische Perspektive. Medien Praktisch (1999) H. 4, S. 10–13

ROBERT ROSEEU

Die neuen Medien – Impuls zur Erneuerung der Schule?

Der Aufmacher der TZ vom 23.4.99:
„Die neue Sucht: Das Internet
Münchener Psychiater hilft Netz-Abhängigen per E-Mail neuen Lebenssinn zu finden."

Diese Headline zeigt ein neues gesellschaftliches Problem: Nach der Innovation Fernsehen in den 60er Jahren kommt eine zweite Problemlawine in Form der neuen digitalen Medien auch auf die Schule zu. Schon jetzt zeichnet sich ab: Multimedia und Internet, als Neuerungen gepriesen, werden in der Gesellschaft und in der schulischen Realität anders aussehen als die Werbung glauben macht.

Die neuen Medien in Form von Internet, digitalem Fernsehen, Video on demand und digitalem interaktivem Multimedia bieten geradezu unbeschränkte Informations-, Arbeits- und Unterhaltungsmöglichkeiten. Die gesellschaftlichen Problemfelder wachsen aber in dem Maße, wie die individuellen Freiheiten zunehmen. In der Schule geht es nun zwangsläufig darum, zum rechten Umgang mit den neuen Medien anzuleiten. Das Ziel ist klar, doch der Weg ist weitgehend unbekannt, wie es bei Innovationen zwangsläufig immer der Fall ist.

Beim Beschreiten innovativer Wege bedarf es einer Analyse der Gesamtsituation, das gilt auch für die Schule. Dies ist die wichtigste Voraussetzung dafür, dass eine Neuerung das bestehende System unterstützt und ein Fortschritt möglich wird.

Was muss eine solche Analyse enthalten?
1. Das Umfeld, auf das die Neuerung wirkt, muss verstanden werden.
2. Die Prozesse, die von der Neuerung potentiell unterstützt werden können, müssen erkannt werden.
3. Eine Aufwand-Nutzen-Analyse hat zu erfolgen, damit Manpower und Finanzen richtig eingesetzt werden können.

1. Die schulische Situation, in welche die Innovation hineinplatzt, ist auf die Neuerungen nicht vorbereitet: Internet seit 1995, CD-ROM seit 1995, Multimedia seit 1996, DVD seit 1998.

   a) Die **Lehrerschaft** ist überaltert und ausgebrannt und eignet sich damit kaum als Innovationsträger. Jahrzehntelanges Herummäkeln an Lehrern, destruktive Arbeit in den Medien, unzeitgemäße Forderungen auf der Seite der Eltern, die sich ihrer elterlichen Verpflichtungen entledigen möchten, haben das Image des Berufsstandes und die Struktur der Lehrerschaft nachhaltig negativ geformt. Von einer Berufsgruppe, die in der Gesellschaft kaum Widerhall findet und von Politikern nur als Verein von „faulen Säcken" disqualifiziert wird, ist ein selbstloses Engagement nicht zu erwarten. Zu geringes Selbstbewusstsein bei Lehrern und fehlende Gewöhnung an Teamarbeit (systembedingt) erschweren der innovationswilligen Minderheit von ca. 15 % (Ergebnis mehrerer Untersuchungen) das Leben. Innovationsträger werden zu Missionaren, Propheten oder Außenseitern abgestempelt und damit schulintern weitgehend ausgebremst.
   Alle Lehrer sind auf die neuen Medien unzureichend vorbereitet. Die Integration der Neuerungen in den Schulalltag muss deshalb jeder Lehrer selbst vollziehen. Von staatlicher Seite wird dies nur plakativ unterstützt. Echte Fortbildungen wie in der Industrie will sich der Staat aber nicht leisten. So gibt es im Schulbereich sehr viele Bedenkenträger, welche die derzeitige Aussichtslosigkeit auf Neuerungen klar erkennen und ihren Beitrag dahingehend leisten, dass die aktive 15 %ige Minderheit nicht wirklich erfolgreich arbeiten kann. Es existiert derzeit noch keine staatliche Initiative, die hier Abhilfe schafft.

   b) Die **Schüler** haben sich im Fernsehzeitalter der letzten Jahrzehnte stark gewandelt, wohingegen die Lehrerschaft ihre Ausbildungskonzepte zumeist aus der Zeit vor dem TV-Zeitalter bezieht. Macht man sich unsere Umwelt bewusst, so sieht man auf Schritt und Tritt, wo Kinder und Jugendliche mit unserer Gesellschaft nicht zurechtkommen. Graffiti-Sprayer, Gangs, Drogen, Gewalt, eigene Jugendkultur mit eigener Sprache sind Facetten dieser Entwicklung. Alle negativen Auswüchse kann man als „Notwehr" gegen die Erwachsenenwelt interpretieren. Schulisch geht dies noch wesentlich tiefer. Jugendliche als „satte Typen", freizeitorientiert,

weitgehend ziellos und vor allem ohne echte Vorbilder, auf-
gabenlos und dauerfrustriert. Dies ist das Bild von Schülern
in der Großstadt. Auf dem Lande ist es noch nicht so weit, da
funktionieren die Elternhäuser noch eher im traditionellen
Sinn.

Speziell was die neuen Medienbetrifft, bieten viele Eltern
ihren Kindern die volle Palette der neuen Techniken, um
sich ihrer elterlichen Verpflichtungen zu entledigen. Computerspiele, Internet, DVD-Player, CD-ROM-Kopierer gehören
oft schon zur Standardausrüstung eines „Kinderzimmers".

Folge:

Bei Jugendlichen besteht eine sehr hohe Erwartungshaltung
bezogen auf die neuen Medien, wenn sie in der Schule benutzt werden. Perfektion in der Technik ist oberste Maxime.
Schüler wähnen sich als Spezialisten, weil sie mit der neuen
Technik problemlos umgehen können. Die Schule kann
ihnen (vermeintlich) nichts mehr bieten.

Eine andere Seite des Umgangs mit den neuen Medien ist das
weitere Verschwinden der Wirklichkeit. Die Jugend lebt zunehmend in virtuellen Welten, sie entzieht sich damit den
Realitäten.

Ergebnis:

Die neuen Medien in der Schule erfordern ein Anwendungs-
konzept, das sich deutlich von der Kinderzimmer-Orientie-
rung abhebt. Die Sinnhaftigkeit schulischer Arbeit mit den
neuen Medien muss transparent werden. Schule muss das
bieten, was es zuhause nicht gibt, dann wird sie auch für Jugendliche attraktiv.

c) Die **Lehrpläne** sind die rechtliche Grundlage jeglichen Unterrichts. Gerade die rechtliche Seite der Lehrpläne aber er-
schwert bzw. behindert Innovationen. Was im Lehrplan
nicht verankert ist, darf nicht für Benotungszwecke herangezogen werden. Das ist die Kehrseite der Verrechtlichung der
Schule. In einer Zeit, in der der Sinngehalt von Schule oft nur
mehr im Abitur oder in der Abschlussprüfung gesehen wird,
schafft die Nutzung der neuen Medien bei Lehrern und
Schülern keine Freunde, wenn sie ohne Benotungsmöglich-
keit ist.

Die neuen Medien lassen sich in den Unterricht auf recht verschiedene Weise integrieren.

– Wenn man die neuen Medien in Form von Film- oder Vi-
deokonserve oder Overheadfolie einsetzt passiert schulisch

nichts Neues; der hohe Technikeinsatz sowie der große persönliche Aufwand für den Lehrer ist nicht zu vertreten.

- Eine grundlegende Neuorientierung schulischer Bildungsinhalte müsste auch den Stellenwert der neuen Medien hinterfragen. Bei einer solchen inhaltlichen Auseinandersetzung mit den neuen Medien geht es um deren fachliche Integrierbarkeit (welches Fach kann hier einen wesentlichen Beitrag leisten?), um inhaltliche Konzepte (was soll vermittelt werden?) und um die Möglichkeiten einer fachgerechten Leistungsmessung. Da unsere Lehrpläne vor allem immer noch Stoffpläne sind, die angeben, welche Inhalte bis zu einer Prüfung behandelt sein müssen, gibt es so gut wie keine Freiräume für Innovationen. Sollte ein Fachreferent am Ministerium auf die Idee kommen, auf einen Stoffinhalt im Lehrplan zu verzichten zugunsten einer mehr methodischen Schulung im Umgang mit den neuen Medien, so steht er vor unüberwindlichen Hindernissen.
  - – Er müsste einen „Stoff" für verzichtbar erklären, das führt unweigerlich zur Reduzierung der Wochenstundenzahl in der Stundentafel, denn er signalisiert, Teile des Faches sind entbehrlich.
  - – Er müsste eine Lösung für ein freieres schulisches Nutzungsrecht von Medien bereithalten, was er alleine nicht kann.
  - –Er müsste eine Lösung für die Lehrerfortbildung in der Tasche haben, was nicht in seinem Einflussbereich liegt.
  - – Er müsste eine Lösung für die Bewertung methodischer Schülerarbeiten haben.
  - – Er müsste eine Lösung für die technische Ausstattung aller Schulen mit Computern als gesichert voraussetzen können, was praktisch nicht möglich ist.

- Die einzig verbleibende Möglichkeit zur Integration der neuen Medien in den Fachunterricht ergibt sich, wenn sie als Werkzeug zur schnelleren und besseren Erarbeitung von Lernzielen genutzt werden. Gerade das Fach Geographie mit seinem reichen Schatz an Arbeitstechniken bietet sich für diesen Ansatz an: Bildbearbeitung und Bildinterpretation, satellitengestützte Erderkundung, globale Sicht der Erde, aktuelle Informationen aus dem Internet zu Ereignissen auf der Erde, Animationen zur Erklärung von komplexen naturgeographischen Erscheinungen usw. Nur der fortschrittliche und engagierte Lehrer wird diesen Weg einschlagen. Die Runderneuerung der Schule, wie sie notwendig wäre, findet damit aber nicht statt.

d) Eine Didaktik zur Nutzung der neuen Medien und vor allem zur Nutzung von Multimedia im Schulbereich gibt es noch nicht. Wie dringend erforderlich dies ist, kann nur der erkennen, der mit einer Klasse von 32 Schülern im Computerraum mit Multimedia-Elementen wie Internet, interaktives Multimedia, Animation selbst gearbeitet hat. Wie nutzt man Multimedia um ein Lernziel besser zu erreichen als mit herkömmlichen Methoden? Die vom Lehrplan geforderten Inhalte rein stofflicher Art bleiben zumeist auf der Strecke, der neue andersartige Lernzugewinn ist nur schwer messbar und wird deshalb nicht als Äquivalent für ausfallenden Stoff akzeptiert.

Der Lehrer als Organisator und Berater, der interessierte und eigenverantwortlich handelnde Schüler, der teamorientierte Schüler und eine sicher funktionierende Computertechnik wären wichtige Grundlagen einer Didaktik zur Nutzung der neuen Medien. Diese Grundlagen gibt es derzeit nicht.

Übergeordnete Ziele wie
- die ganzheitliche Sicht zu einem Thema oder zu einem Begriff im Sinne von assoziativem Lernen,
- die modellhafte Reduktion von Informationsgehalten zur Bewältigung der Informationsfülle,
- der kreative Umgang mit Informationen,
jeweils mit dem Hintergrund, den Jugendlichen mit ihrem Tun Sicherheit zu vermitteln, wären Ansätze zur Entwicklung einer geeigneten Didaktik. Eine Hilfe von der Hochschule ist hier nicht in Sicht.

e) Die **Schulbücher** im Wandel der letzten Jahrzehnte demonstrieren die jeweils gängige Unterrichtspraxis. Bis in die 70er Jahre konnte der Lehrer die Stundeninhalte in eigener Verantwortung wählen, die Bücher hatten nur strukturierende und ergänzende Funktion. Mit der Lernzielorientierung der 70er Jahre kam der Arbeitsunterricht. Die Schulbücher enthalten seither eine stoffliche Fülle, in der Schüler und Lehrer ertrinken. Das Modellhafte, das Exemplarische ging in der Folgezeit weitgehend verloren. Schüler lernen „Stoff" für die nächste Stunde um dann möglichst rasch vergessen zu dürfen, da der Stoff später nicht mehr abgefragt werden darf.

Methodisches Arbeiten, ein wesentliches Anliegen der 70er Jahre, wird heute nicht mehr praktiziert. Methodische Anleitungen in Lehrbüchern sind zu abfragbarem Stoff degradiert, den kaum jemand anwenden kann.

Die neuen Medien mit Internet und CD-ROM bringen nun eine weitere Informationsfülle. Die Probleme bei Schülern und Lehrern werden damit wesentlich vergrößert. Jetzt kommen die neuen Informationskategorien „global" und „aktuell" zusätzlich in den Unterricht. Wie soll mit diesem Megaangebot umgegangen werden? Wozu soll der Arbeitsaufwand gut sein?

Bei Lehrern ging die Fähigkeit zum kreativen Umgang mit Informationen oft weitgehend verloren. Die Recherche als Teil der Stundenvorbereitung wurde unnötig, das Schulbuch enthält ja alles zu einem Lehrplanthema. Der Lehrer wurde durch verbesserte Schulbücher fachlich weitgehend entmündigt. Wie soll er jetzt mit den neuen Medien zurechtkommen?

f) Das **Prüfungsunwesen,** von den Verwaltungsgerichten auf Drängen von Eltern immer wieder weiter verschärft, ist eines der wesentlichsten Hemmnisse bei der Integration der neuen Medien in die Schule, vor allem bei Realschule und Gymnasium.

Der Umgang mit den neuen Medien, die kreative „Informationsverarbeitung" ist nur schwer nach Punkten zu bewerten. Zentralabitur und zentrale Abschlussprüfungen sind aber wesensmäßig abhängig von abfragbaren stofflichen Inhalten. So darf ein Schulleiter wohl zu Recht einen Lehrer, der viel mit Internet und Multimedia im Unterricht experimentiert, fragen, ob er dies in Hinblick auf die Abschlussprüfungen überhaupt verantworten kann. Politiker tun sich hier leichter als ein verantwortungsbewusster Schulleiter.

g) Das **Urheberrecht** und das **Nutzungsrecht** blockieren die Entwicklung von Multimedia-Anwendungen im Unterricht erheblich. Die meisten Applikationen für die Schule sind wegen des Urheberrechts so gestaltet, dass der Schüler Bilder, Texte, Audio und Video nur anklicken und ansehen kann, die integrierten Materialien können nicht weiter mit anderer Software verwendet werden. Der kreative und freie Umgang mit den Multimedia-Komponenten, das entspricht dem Wesen von interaktivem Multimedia, wird damit ausgebremst, die eigentliche Chance zum andersartigen Umgang mit Informationen wird vertan. Es bleibt beim Ansehen und Zuhören, das ist der traditionelle lehrerzentrierte Unterricht in „vermarkteter" neuer Form. Auf dem Homesektor kann das sinnvoll sein, in der Schule ist dies kontraproduktiv. Dies gilt auch für die Online-Angebote des Rundfunks und des Fernsehens, sie müssen nach kurzer Zeit wieder gelöscht werden. Welcher Lehrer wird sich die Mühe machen, Materialien für eine Unterrichtseinheit aufzubereiten, wenn er sie nur einmal verwenden kann und sie anderen Kollegen nicht weitergeben darf?

h) Die **verfügbare Schultechnik** (Hardware und Software) bestimmt die alles entscheidende „letzte Meile" zum Schüler. Mit der Zugriffsmöglichkeit auf Multimediaprodukte wird deren Nutzbarkeit bestimmt. Der Einsatz von mobilen Computern im Klassenzimmer (Overhead-PC, Notebook mit Beamer), von Lerninsel-PCs im Klassenzimmer, von Einzelplatz-PC im Computerraum sind drei Varianten, die den Schüler recht unterschiedlich ansprechen. Alle drei Varianten ergänzen sich gegenseitig. Jede Form braucht aber eine eigene Didaktik, weil mit Informationen unterschiedlich umgegangen wird. Beim Overhead-PC steht die **Präsentation** durch Lehrer oder Schüler im Mittelpunkt, bei Einsatz der Lerninsel werden **Gruppenarbeit** und **Lernzirkel** unterstützt, im Computerraum hat das **individuelle Training** oberste Priorität. **Projektarbeiten** werden von allen drei Varianten unterstützt. Die Verfügbarkeit von Software auf jedem Computer ist Bedingung für geregelten Unterricht, man kann nicht erst kurz vor der Stunde Software installieren müssen. Ausreichende und zuverlässige Hardware, dazu Campus-Lizenzen für jede benutzte Software auf allen Geräten sind die Grundlage für inhaltsorientierten Unterricht.

Die Auswahl an schulgeeigneter Multimedia-Software ist ein weiteres Problem. Dabei geht es nicht nur um die Finanzierbarkeit, schwieriger ist es, den Einsatz im Unterricht vorherzusehen. Software für die Präsentation im Klassenzimmer oder für den Lerninsel-PC oder für das Training im Computerraum muss recht unterschiedlichen Zugriff auf die Informationen zulassen. Am übelsten ist Software, die vorinstalliert werden muss, wie es bei den Autorensystemen der Fall ist. Ein Update der Viewer-Tools jagt das andere, und dies evtl. vielfach im hausinternen Netz. Jede Software hat eine andere Benutzeroberfläche, der Multimedia-Datenstrom im Netz ist so hoch, dass nur je 5 Arbeitsplätze im Computerraum mit einer CD-ROM gleichzeitig arbeiten können, so sieht die Wirklichkeit von kommerziellen Multimedia-Produkten aus. Auf diese Weise wird es schulisch nicht laufen können.

Die Lösung:
Internet-Browser liefern bereits den notwendigen Minimalstandard für die Schule: Kleine Datenströme, ungehinderter Zugriff auf die Text-, Bild- und Tondokumente zur weiteren Verarbeitung mit anderer Software, einheitliche Benutzeroberfläche wie bei der benutzten Standardsoftware und innerschulisch weitgehend geregelte Nutzungsrechte. Jeder Lehrer bzw. Schüler kann kreativ tätig werden. Vorhandene, alte Materialien der Schule (z.B. Diaserien werden digitalisiert) können in ein solches HTML-System mühelos und vor allem nahtlos integriert werden.

Zusammenfassung zu 1.:
Das schulische Umfeld ist derzeit denkbar ungeeignet für die Innovation Multimedia und Internet.

a) Der Einstieg kann **bei Lehrern nur über die aktive Minderheit von ca. 15 %** führen. Diese Lehrergruppe kann im Rahmen von großzügigen Schulprojekten (z.B. InfoSCHUL des BMBF) gefördert werden. Man könte diese Gruppe von Lehrern als schulische „Trendsetter" aufbauen.

b) Bei Schülern muss dort angesetzt werden, **wo es daheim Defizite** gibt. Das ist die Nutzung des Internet und die Nutzung der neuen Medien für die inhaltliche Arbeit. Die kreative Gestaltung von Informationen unter spezieller Zielsetzung ist erfolgversprechend.

c) Eine Integration in die Lehrpläne ist wirklichkeitsfremd. Nur die fachspezifische Nutzung der **digitalen Medien als Werkzeug im herkömmlichen Unterricht** ist erfolgversprechend.

d) Die **notwendige Didaktik muss aus der Unterrichtspraxis erwachsen.** Von der Hochschule ist hier nichts zu erwarten, dafür ist der Wandel zu rasch.

e) Multimediale Schulbücher und multimediale Lernhilfen machen an Realschule und Gymnasium wenig Sinn, nicht so auf dem Home-Markt. Die Schule braucht **offene Lernumgebungen**, das sind Materialien-, Präsentations- und Aufgabensammlungen auf HTML-Basis, der Umgang mit Informationen muss damit ungehindert eingeübt werden können.

f) Das Prüfungswesen muss stets im Auge behalten werden, **Bewertungsgrundsätze für methodisches Arbeiten** müssen entwickelt werden.

g) Da das Urheber- und Nutzungsrecht wegen der Kommerzialisierung des Internet zunehmend verschärft werden wird, muss es entweder ein **erweitertes Nutzungsrecht für Schulen** geben oder Schulen brauchen eigene Budgets zum Ankauf von Informationen.

h) Bei der Schultechnik müssen Lehrer ihre Wünsche gegenüber den Sachaufwandsträgern artikulieren. Nur über den gemeinsamen Druck von Lehrern und Eltern können die notwendigen Finanzmittel freigegeben werden.

Bezüglich der schulisch brauchbaren Software müssen sich bei Lehrern erst **Anwendungsprofile** entwickeln. Die bisherigen Multimediaprodukte sind unterrichtlich wenig hilfreich. Der HTML-Standard könnte relativ rasch zu neuen Anwendungsprofilen führen.

i) Es gibt noch ein völlig neues Problem: **Die inhaltliche Arbeit mit Bildschirmtexten** muss erst noch ergonomisch untersucht werden. Die Wahrnehmung von Textinhalten scheint hier erheblich behindert zu sein. Ohne ausgedruckte Papierfassung können viele Schüler nicht arbeiten. Es scheint ein großer Unterschied zwischen dem aktiven Gestalten eines digitalen Dokuments und dem Verstehen eines fremden Dokuments zu bestehen.

2. Die Prozesse im Umfeld Schule, die von den neuen Medien verstärkt werden können

Zwei Prozesse werden der Schule von der Gesellschaft auferlegt:
– **Erlernen eines aktiven Umgangs mit der Informationsfülle,**
– **Psychische Stärkung der Jugendlichen.**
Der erste Prozess ist von methodischer Art, er heißt hier kurz „Informationsverarbeitung".
Der zweite Prozess ist von didaktischer Art. Mehr Eigentätigkeit, verbesserte Wahrnehmung, Förderung der Teamfähigkeit und Grundlegung eines breiten Orientierungswissens sind hier wichtige Eckpunkte. Eine endgültige Abkehr von der Paukschule steckt in beiden Prozessen, die jedoch nur in Verbindung mit einer Änderung des Prüfungswesens vollzogen werden kann.

Ein didaktisches Grundmodell soll helfen, die Prozesse im schulischen Umfeld strukturell zu ordnen.
Informationsräume – **Wissensräume** – **Kompetenzräume** sind drei virtuelle Räume, die Unterricht beschreiben helfen.

Informationsräume werden dem Schüler in der Schule vom Lehrer angeboten. Lehrerzentrierter Unterricht, Schulbücher, digitale Lernumgebungen sind hierfür Beispiele. TV, Zeitungen, Werbung, Internet, ... umschreiben die heimische unkontrollierte Informationsflut. In den Informationsräumen bewegt sich der Schüler, um sich seine **individuellen Wissensräume** aufzubauen. Je nach Wahrnehmungsvermögen wird er unterschiedlich viel erkennen. Lernprozesse bestehen nun darin, dass der Lernende Informationen wahrnimmt und dass er sie zu Wissen verknüpft. Ohne die bewusste oder unbewusste Verknüpfung entsteht kein Wissen. Wissen ist eine individuell erworbene Eigenschaft. Lernsoftware, Trainingsprogramme und interaktive Multimediaeinheiten versuchen hier zu helfen. Die Hauptarbeit leistet aber der Lehrer im lehrerzentrierten Unterricht. Umfang und Intensität dieser Informationsverknüpfungen werden in Prüfungen abgerufen. Die qualitativ nächste Stufe soll als individueller Kompetenzraum umschrieben sein. Wie bewegt sich ein Mensch in den Informationsräumen? Wie nutzt er seine erworbenen Wissensräume? Die gezeigte Kreativität, die individuelle Selbständigkeit, die Souveränität, mit der er agiert, wird häufig als Schlüsselqualifikation bezeichnet. In diesem Bereich liegen die größten Defizite unserer schulischen Ausbildung.

Erworbenes Wissen ist heute kein Wertmaßstab für z. B. gymnasiale Bildung mehr, erst die erworbenen Kompetenzen zeichnen einen gebildeten Menschen aus. Dies ist der **eigentliche Umbruch in der Informationsgesellschaft**. Vertieftes schulisches Spezialwissen wird sinnlos, da es in sehr kurzer Zeit überholt ist und dem Schüler jeden **modellhaften Ansatz** verwehrt. **Orientierungswissen** wird für die Schule wichtiger als Spezialwissen. Orientierungswissen erschließt die Informationsfülle, dies kann einseitiges Spezialwissen nicht leisten. Orientierungswissen könnte als Motivation dienen, mehr wissen zu wollen.
Das Arbeiten mit Rezepten mag gut für den Wissenserwerb sein, beim Erwerb von Kompetenzen ist dies hinderlich. Kreativität und rezeptorientiertes Arbeiten schließen sich gegenseitig aus. Dieser Umstand macht es Multimedia-Entwicklern sehr schwer,

in diesem Umfeld etwas sinnvolles anzubieten. **Offene Lernum-gebungen** sind hierfür bis jetzt die einzige Lösung. Lehrer, die hiermit arbeiten, sind sehr stark gefordert. Das Problem: Welcher Lehrer kann oder mag dies leisten?

Im eingangs zitierten Beispiel aus der TZ wird ein neuer Lebensinn angesprochen. Inhaltlich und methodisch kompetent mit Wissen umgehen zu können, das kann einen jungen Menschen Selbstvertrauen vermitteln. Dass dies zutrifft, bestätigt der technische Umgang mit den neuen Medien bei Jugendlichen. Die bisher betriebene Wissensvermittlung strahlt hingegen nur Unsicherheit aus, gerade der interessierte Jugendliche muss stets erkennen, dass er so gut wie nichts kann, das frustriert.

Die Kernfrage lautet: Wieviel Orientierungswissen im Sinne von Basiswissen braucht ein junger Mensch, um fachlich-methodische Kompetenzen aufbauen zu können. Detailwissen ist dazu sicher nicht nötig, der rechte Umgang mit „weichen Daten" (nach VESTER) im Sinne von fuzzy-logic (Unschärfe) hat Vorrang, insbesondere deshalb, weil Jugendliche oft noch keine verlässliche Begrifflichkeit haben. Schulisch ist dieser Bereich noch nicht einmal angedacht.

Welche Impulse setzen die neuen Medien?
Wie werden die laufenden Prozesse unterstützt?

- Die **globale Sicht** über Satelliten ersetzt oder ergänzt so manche statische Atlaskarte.
- Die **aktuelle Information** ergänzt die ständig veralteten Schulbücher und zwingt zu einer neuen Schulbuchform. Schulbücher werden zu modellhaften und damit eher zeitlosen Darstellungen zurückkehren müssen.
- Die **dynamische Erklärungskomponente** (Animation) wird besonders im naturwissenschaftlichen Umfeld zur Bereicherung des Unterrichts beitragen.
- Das **digitale Experiment** wird die persönliche Auseinandersetzung mit Lerngegenständen im Klassenzimmer erleichtern.
- Die **Kommunikation über Internet und E-Mail** wird geographischen Erkundungen eine eigene Dimension geben.
- Die Recherche im Internet führt schon heute zu **veränderten geographischen Sichtweisen:** Die Fremddarstellung z.B. in Form einer wissenschaftlichen Arbeit über eine Stadt wird ersetzt durch die Selbstdarstellung auf der Werbeseite einer Stadt. „Wie möchte sie gesehen werden" rangiert vor dem passiven „wie wird sie gesehen".

- Die **Gestaltung virtueller Welten**, z. B. virtuelle Exkursionen und die Geomorphologie von virtuellen Landschaftsformen, werden für den Unterricht neue Möglichkeiten eröffnen. Die reale Welt wird hinter einer modellhaften Welt zuweilen verschwinden.
- Die **Präsentation mit digitalen Hilfsmitteln** wird insbesondere die kommunikativen Unterrichtsformen unterstützten.

Der Lehrer erhält neue Funktionen, die weit über die bisherige Stoffvermittlung hinausgehen:
- Wertevermittlung und Vermittlung von Bewertungskriterien,
- Soziale Hilfestellungen, vor allem bei der Teamarbeit,
- Methodische Beratung bei der fachspezifischen Informationsverarbeitung.

Das virtuelle Lernwerkzeug „Informationsverarbeitung" setzt sich aus vielen methodischen Einzelwerkzeugen zusammen. Sie befähigen zum Umgang mit den oben skizzierten Impulsen durch die neuen Medien. Die thematischen Inhalte der Lehrpläne können bleiben, sie werden zum jeweiligen Exemplum für die Informationsverarbeitung. Inhalte werden hier nicht uniform gelehrt, Inhalte werden subjektiv erworben. Der kleine Unterschied ist wesentlich.

Die Recherche (Buch, Bibliothek, Internet, CD-ROM), die Auswahl geeigneter Quellen (erste bewertung), die Archivierung (dokumentengerechte Ablage, Zitieren), die Zusammenfassung, Neuformulierung und Modellbildung (neue Struktur), die Visualisierung von Kernaussagen und schließlich die Präsentation der Ergebnisse (Aufsatz, Referat, Hefteintrag, Facharbeit) sind die Stationen einer vollständigen Informationsverarbeitung. Dieser Ansatz hilft bei der Erneuerung der Schulerdkunde. Es ist ein Weg zur Vermittlung von fachspezifischen Schlüsselqualifikationen.

Die „Stationen" können in der Unter- und Mittelstufe einzeln eingeübt werden, die ganzheitliche projektmäßige Durchführung gelingt bereits in der oberen Mittelstufe (Sekundarstufe I). Die vollständige Informationsverarbeitung könnte in der Oberstufe zur üblichen Unterrichtsform werden. Ob „Lernen durch Lehren" oder andere handlungsorientierte Ansätze verfolgt werden, der Fachbezug lässt sich über die „Informationsverarbeitung" besonders leicht herstellen. Beim Schüler als Hausaufgabe, als Ergebnisbericht in der Unterrichtsstunde, beim Lehrer die fachspezifische Darstellung eines Themas. Also: Auch der Lehrer referiert primär nicht Ergebnisse, er referiert darüber, wie und warum er zu seinen Ergebnissen gekommen ist. Der Lehrer zeigt den

Schülern, wo es methodisch langgeht. Der lehrerzentrierte Unterricht hilft dem Schüler, den richtigen subjektiven Weg beim Umgang mit Informationen zu finden.

3. Eine kleine Aufwand-Nutzen-Analyse

Die letzte Meile ist der kritische Punkt und der Härtetest für alle neuen Medien. Hier geht es nicht darum, ob die Innovation in die Schule gehört, sondern darum, wo und wie ein Anfang sinnvoll ist, damit der hohe Aufwand bei Sachaufwandsträgern und bei den Lehrern lohnt.

a) **Mobile Einzelcomputer mit Großprojektion im Klassenzimmer** (Overhead-PC oder Notebook mit Beamer)

Wenn der **Lehrer aktiv** ist:
+ + herkömmliche und neue Unterrichtsformen sind möglich, Lehrer können sich damit leicht identifizieren
+ + wesentliche Aufgaben des Lehrers: Vormachen im lehrerzentrierten Unterricht ist besonders effektiv
+ + Verfügbarkeit von einheitlicher Software bei Lehrern zuhause und im Klassenzimmer bereitet finanziell und ergonomisch die geringsten Probleme
+ – gleichzeitige Aktualisierung der Hardware zuhause und in der Schule bereitet Probleme
+ – Lernumgebungen bieten problemlos Informationen on demand auf HTML-Basis, die Arbeitsbelastung bei der Stundenvorbereitung ist wesentlich erhöht
+ – fachspezifische Informationsverarbeitung in Form der geographischen Methoden wird gut unterstützt, die Lehrer müssen jedoch erst viel methodisches Grundwissen aus der Zeit des Studiums reaktivieren
+ – modellhafte Unterrichtsinhalte werden gefördert, für viele Kollegen bedeutet dies Neuland und damit sehr hohen Aufwand
+ – eine 15 %ige Minderheit wäre leicht zu fördern, doch wer ist an einer kleinen Gruppe interessiert, die keinen Marktfaktor darstellt?
+ – eine Didaktik für die verschiedenen Unterrichtsansätze kann aus der Schule heraus entwickelt werden, doch wer koordiniert die Aktivitäten?
+ – die Beratung der Schüler vor der Klasse bereichert den

Unterricht, doch Bewertungskonzepte fehlen durchwegs
- – die bestehenden Lehrpläne lassen zu wenig Freiräume für neue Ansätze
- – das Prüfungswesen lässt zu wenig Freiräume für neue Ansätze
- – Fortbildungen zu den neuen Medien im Klassenzimmer gibt es nicht

Wenn der **Schüler aktiv** ist:

+ + Methodentraining (technisch und inhaltlich) macht sicher
+ + Präsentationen als wesentliches handlungsorientiertes Unterrichtselement helfen beim individuellen Erwerb von Schlüsselqualifikationen
+ + eine Hinwendung zum Orientierungswissen und zur permanenten Anwendung führt weg vom Lernen von Stoff für nur eine Stunde
+ – modellhaftes Arbeiten wird vielen Schülern und Eltern Probleme bereiten
+ – Präsentationen verführen leicht zur Oberflächlichkeit

b) **Lerninsel-Computer im Klassenzimmer** (als 4-Platz-Multi-user-System)

+ + Verfügbarkeit von Software ist kein Problem, Einzellizenz genügt
+ + Projektarbeit wird hervorragend unterstützt, der Lehrer kann beratend tätig sein
+ + Lernumgebungen können hier optimal eingesetzt werden
- – Lernzirkel als didaktischer Ansatz wird an Gymnasium und Realschule kaum praktiziert
- – eine Didaktik für den lehrplanorientierten und zugleich handlungsorientierten Unterricht gibt es nicht
- – Disziplinprobleme bei größeren Klassen verhindern effizientes Arbeiten
- – für den regulären lehrerzentrierten Unterricht ist das Konzept ungeeignet

c) **Notebook-Klasse,** jeder Schüler hat sein privates Notebook, welches er zuhause und in der Schule benutzt, so wie auch der Lehrer, der zusätzlich einen Beamer fürs Klassenzimmer hat

+ + die Eigenverantwortlichkeit der Schüler wird sehr stark gefördert

+ + die Abkehr von der Spielementalität wird zwangsläufig vollzogen

+ – die Eltern müssen sich bei der Beschaffung engagieren, für manche Eltern entsteht ein Finanzierungsproblem

– – eine Netzanbindung in der Klasse bereitet technische und finanzielle Probleme

– – die Materialienbereitstellung wird für den Lehrer zum zentralen Problem

– – die Beratung des Einzelschülers durch den Lehrer bereitet unüberwindliche technische und organisatorische Probleme

– – Bewertungsrichtlinien für praktisches Arbeiten gibt es nicht, was geschieht bei Ausfall der Technik bei nur einem Schüler?

d) Zweiplatzsystem im Computerraum mit Anschluss ans Internet. Der **Schüler ist aktiv**

+ + Projektarbeit mit gestalterischem Schwerpunkt ist hier optimal angesiedelt

+ + Lernumgebungen auf HTML-Basis können hier optimal genutzt werden

+ – interaktives Training ist gut möglich, vom Lehrer aber wenig steuerbar

+ – die Internet-Recherche für ganze Klassen bereitet technisch und inhaltlich große Probleme

– – die Beschaffung von Campus-Lizenzen bei Software bereitet sehr große Probleme

– – Multimedia-Anwendungen auf der Basis von Autorensystemen sind für ganze Klassen gleichzeitig nicht möglich, Lerneffekte sind recht fragwürdig

– – Computerfreaks unter den Schülern sind mit Standard unzufrieden, sie versuchen das System laufend zu stören (Virenimport, Erotik-Seiten, etc.)

– – ein Lehrer als Berater bei 16 Doppelplätzen ist überfordert, auch Videonetze helfen da wenig. Nachfragende Schüler müssen zu lange warten. Eine 45min-Stunde ist zu kurz, um wenigstens ein Ergebnis zu erarbeiten.

– – eine Didaktik für den Computerraum gibt es nicht, die Lehrer experimentieren nur, echte Erfolgserlebnisse bleiben zwangsläufig aus

– – die Zusammenführung von Arbeitsergebnissen bereitet für den Lehrer einen sehr hohen technischen und organisatorischen Aufwand

– – die Systemwartung bedarf einer Vollfachkraft, die schulisch nicht finanziert werden kann

Ergebnisse der Analyse

Die gezielte Unterstützung der aktiven Minderheit von ca. 15 % der Lehrer, die bereit ist, die Innovationen voranzubringen, ist dann erfolgversprechend, wenn es gelingt, hier ein Gruppenbewusstsein zu schaffen. Eine Förderung über spezielle Online-Angebote erscheint hier am ökonomischsten. Schulbuchbegleitende Hefte sollten mehr das Augenmerk auf modellhaftes Arbeiten lenken.

Die Entwicklung von offenen Lernumgebungen auf HTML-Basis und einer zugehörigen Didaktik primär fürs Klassenzimmer (Overhead-PC oder Notebook mit Beamer) erscheinen effizienter als die Entwicklung singulärer Multimediaprodukte (Autorensysteme), die maximal für 2 Stunden im Lauf eines Schuljahres eingesetzt werden können.

Informationsverarbeitung als methodischer Rahmen erbringt den stärksten Fachbezug bei der Verwendung der neuen Medien, er kollidiert nicht mit den bestehenden Lehrplänen. Je besser und je kontinuierlicher hier ein Angebot ist, umso eher finden diese Ideen in neue Lehrpläne Eingang.

Die neuen Medien - Impuls zur Erneuerung der Schule?

Vom Prinzip ja, in der jetzigen Schulsituation nein! Unterricht lässt sich durch die neuen Medien nur bereichern, nicht erneuern. Für eine Erneuerung ist die Zeit noch nicht reif. Die Schüler müssen erst noch viel stärker ihren schulischen Frust zeigen, die Eltern müssen mehr Druck machen, die Wirtschaft muss noch deutlicher die schulischen Defizite aufzeigen bis Politiker einsehen, dass die Schule ein neues Konzept braucht. Die fast unzähligen (nutzlosen) Schulversuche weisen bereits auf diesen Umbruch hin.

LOTHAR PÜSCHEL

Computereinsatz im Erdkundeunterricht am Gymnasium zu St. Katharinen Oppenheim

Einleitende Bemerkungen

Unter dem Stichwort „Multimedia" hält der computergestützte Unterricht unaufhaltsamen Einzug an deutschen Schulen.

Spätestens mit dem Startschuss der Initiative Schulen ans Netz im Jahre 1995 wurde ein Signal gesetzt, das verdeutlichte, dass Entwicklungen im Bereich der Neuen Medien auch vor Schulen nicht Halt machen. Wie gut sind Lehrer, Schüler, Eltern und Schulträger für die Integration der Neuen Medien in den herkömmlichen Unterricht gewappnet?

Am Beispiel des Oppenheimer Modells – Computereinsatz im Erdkundeunterricht sollen Entwicklungen aufgezeigt werden, die als Beispiel für andere Schulen gelten können.

Ausgangspunkt war die Frage nach geeigneter geographischer Software, was für jeden Fachbereichsleiter eine kleine Herausforderung darstellt..

Hier sich in der Vielzahl der Angebote einen Überblick zu verschaffen ist nicht leicht, denn oft wird auf dem „Etikett" vollmundig multimediale, interaktive Software versprochen, mit der Unterricht scheinbar ganz von selbst abläuft.

Geographieunterricht erschöpft sich aber nicht nur in digitalen Lexika und Weltalten, sondern gefragt ist unterrichtserprobte geographische Software. Mit dieser Messlatte in der Hand reduziert sich das Angebot auf dem deutschen Markt auf wenige Anbieter.

Im Rahmen des „Oppenheimer Modells – Computereinsatz im Erdkundeunterricht" wurde eine Softwareliste erstellt, die die Grundlage für den computergestützten Unterricht am Gymnasium zu St. Katharinen bildet. Diese Liste wurde für alle Schulen in Rheinland-Pfalz übernommen und durch eine Liste zur Erstausstattung ergänzt.[1]

---

[1] Die Software ist unter der URL http://bildung-rp.de/LMZ/erdkunde.pht abgelegt

Folgende Hauptkriterien wurden an die Software gestellt:
- Die Software muss methodisch-didaktisch den herkömmlichen Unterrichtsmethoden überlegen oder mindestens gleichwertig sein, hier gilt das Prinzip des Methodenwechsels. Besonders im Bereich von komplexen Strukturen trifft zu, dass eine geographische Simulationssoftware den herkömmlichen unterrichtlichen Möglichkeiten eindeutig überlegen ist.
- Die Software sollte im Unterricht erprobt sein.
- Ein weiteres Kriterium stellt die Netzwerkfähigkeit der Software dar, so dass an mehreren Rechnern gleichzeitig gearbeitet werden kann.

Multimediale CD-Roms erfüllen in vielen Fällen die letzte Anforderung noch nicht. Einen Glücksfall für die Entwicklung des computergestützten Unterrichts im Bereich Erdkunde stellen die langjährigen Entwicklungsarbeiten von Prof. Dr. H. SCHRETTENBRUNNER am Institut der Fachdidaktik der Geographie an der Universität Nürnberg-Erlangen dar.[2] Schon sehr früh erkannte Prof. Dr. H. SCHRETTENBRUNNER die Zeichen der Zeit und entwickelte eine Vielzahl von geographischer Unterrichtssoftware, die bedenkenlos im Unterricht eingesetzt werden kann. Die Bandbreite der Programme reicht von einfachen topographischen Lernprogrammen[3] über thematische Lernprogramme[4], Planspiele[5] bis zu hochkomplexen Simulationsprogrammen[6]. Die Programme werden regelmäßig aktualisiert und weiterentwickelt.

Ein weiterer, mittlerweile etablierter Anbieter von geograhischer Software ist WOLFGANG DEHMER, selbst Erdkundelehrer aus Linz.[7] Schwerpunkt seiner Entwicklungsarbeit sind allgemeine geographische Tools, wie ein Programm zur Erstellung von Klimadiagrammen oder von Alterspyramiden mit vorgegebenen Datensätzen.

Die Preis- und Lizenzgestaltung[8] ist ähnlich gestaltet wie bei den Produkten von Professor Dr. H. Schrettenbrunner und damit an der Schulrealität orientiert. Eine Aufstellung des Gesamtangebotes ist in seiner Homepage[9] einsehbar.

---

[2] URL: http://www.didgeo.ewf.uni-erlangen.de/
[3] Wega Deutschland, Wega Europa, Superwega
[4] Wetterkarte, Golfstrom und Vegetation
[5] Standort City, Stadtplanung Karberg
[6] Hunger in Afrika, Landwirtschaft im Sudan
[7] URL: http://gw.eduhi.at
[8] Die Schullizenz geinhaltet das Recht des Lehrers, das Progamm auf dem häuslichen Rechner zur Unterrichtsvorbereitung zu installieren.

Noch erwähnenswert sind die länderkundlich orientierten Programme wie „Eine Reise durch Indien" oder „Japan", mit einem interessanten methodisch-didaktischen Ansatz. Hier kann der Lehrer Einzelmodule für den Unterricht selbst zusammenstellen. Die Firma Hubita-Geosoftware hat leider in den letzten zwei Jahren die Softwareentwicklung nicht mehr weiter vorangetrieben. Die Programme sind auch in der Softwareliste auf dem Bildungsserver Rheinland-Pfalz unter Erdkunde aufgeführt.

Bleibt noch das FWU, das sich zur Zeit sehr stark im Bereich Multimedia engagiert – vgl. „Die Alpen" – , das noch zwei kleine geographische Lernprogramme zum Themenbereich Wetter anbietet. Lobenswert auch hier die schon herausgestellten Lizenzvereinbarungen und die an den Möglichkeiten der Schule orientierte Preisgestaltung.

Die aufgeführten Programme der oben genannten Verlage/Anbieter sind problemlos in jedem Computerraum und Netzwerk – Ausnahme Windows NT[10] – installierbar.

Im Rahmen des „Oppenheimer Modells" wurden die aufgeführten Programme im Erdkundeunterricht in den verschiedensten Klassenstufen eingesetzt.

Die gemachten Unterrichtserfahrungen wurden auf Lehrerfortbildungsveranstaltungen weitergegeben und auf dem Bildungsserver Rheinland-Pfalz veröffentlicht.[11]

Verlage bekundeten ihr Interesse im Rahmen dieses Modells ihre Softwareprodukte im unterrichtlichen Einsatz zu testen.

Der Klett-Verlag stellte hierzu im Rahmen einer 10er Lizenz seine CD-Roms „Alex auf Reisen: In den Regenwald" und „Mit Alex auf Reisen: Deutschland" zur Verfügung.[12]

Multimedia an Schulen

Mit der Entwicklung von CD-ROMs eröffneten sich im multimedialen Bereich völlig neue Möglichkeiten. Gegenüber den herkömmlichen Speichermedien Diskette, aber auch Festplatte, besteht der wesentliche Unterschied in der Erhöhung der Speicherkapazität.

---

[9] URL: http://gw.eduhi.at

[10] Ein Teil der Programme läuft unter Windows NT. Infos hierzu auf dem Bildungsserver Rheinland-Pfalz.

[11] URL: http://bildung-rp.de/LMZ/erdkunde.pht

[12] An späterer Stelle wird darauf näher eingegangen.

Der Datenbestand von ca. 450 herkömmlichen 3,5'' Disketten hätte Platz auf einer einzigen CD-ROM. Damit eröffneten sich für die Softwareentwickler, die teilweise ihre Programme auf mehrere Disketten packen mussten, neue Aspekte bei der Programmierung von multimedialer „Lernsoftware".

Jetzt können speicherintensive Simulationsabläufe problemlos auf einer CD-ROM gespeichert werden.[13] Gleichzeitig ergibt sich durch die erhöhte Speicherkapazität eine qualitative Veränderung, indem jetzt speicherintensive Videosequenzen, fast unbegrenztes Bildmaterial und aufwendige Animationen in Programme eingebunden werden können.

Beispiel dafür ist die CD-ROM „Naturkatastrophen", die durch das vielfältige Informationsangebot von herkömmlichem Text, traditionellem Kartenmaterial verbunden mit den Möglichkeiten der „Hyperlinks", umfangreichen Bildergalerien, informativen Videosequenzen und nicht zuletzt mit sehr anschaulichen Simulationsbeispielen besticht und damit das Attribut „multimedial" verdient.

Jüngstes Beispiel für eine „multimediale Lernsoftware" ist die vom FWU im Rahmen des BLK-Modellversuchs SEMIS entwickelte CD-ROM „Die Alpen".[14] Mit diesem Produkt wurde endlich ein Standard für „multimediale Lernsoftware" gesetzt.

Der Klett-Perthes-Verlag stieg vor ca. drei Jahren in das Boot zur Entwicklung multimedialer Lernsoftware mit ein und bietet mit der Reihe „Alex auf Reisen" eine Produktpalette an, die inhaltlich mit dem Lehrbuch gekoppelt ist. Das ist das Neue im Vergleich zu anderen Anbietern.

---

[13] Wie bei dem Programm „Weltsimulation und Umweltwissen" oder dem „Wettergrundkurs" (vormals auf ca. 25 Disketten gepackt), oder komplette Datenbanken, wie bei der CD-ROM „Statistisches Jahrbuch für die BR-Deutschland und für das Ausland" oder „Der digitale Fischer-Weltalmanach", beide Datenbanken sind auch als Printmedium erhältlich.

[14] SEMIS: Schulischer Einsatz Multimedialer Interaktiver Systeme
Der Modellversuch wurde mit Mitteln des Bundesministeriums für Bildung, Wissenschaft, Forschung und Technologie gefördert und vom FWU und der Zentralstelle für Computer im Unterricht, Augsburg, durchgeführt. Er lief über drei Jahre und wurde Oktober 1998 beendet.
URL: http://www.fwu.nubb.dfn.de/webadm/modsem.htm

Für den Schulbereich ergeben sich auf dem Hintergrund der aufgezeigten Entwicklungen von multimedialen CD-Roms mehrere Problembereiche:

- Auswahlkriterien für geeignete „multimediale Lernsoftware" (hier: CD-ROM)
- Entwicklung geeigneter Unterrichtsmodelle zum Einsatz dieser Lernsoftware
- Problembereich Schullizenzen
- Hardwarevoraussetzungen für „multimediale CD-ROM"

Auswahlkriterien für geeignete „multimediale Lernsoftware"

Hier verweise ich auf den umfangreichen Kriterienkatalog, der im Rahmen des BLK-Modellprojektes SEMIS entwickelt worden ist, und der bei der Entwicklung der modellhaften multimedialen CD-Rom „Die Alpen" seinen Niederschlag gefunden hat. Weitere Kriterien finden sich in den Beiträgen von Herrn Prof. Dr. LUDWIG J. ISSING und von Herrn StD OBERMANN.

Entwicklung von Unterrichtsmodellen

Gleichzeitig mit der Entwicklung von „multimedialer Lernsoftware" müssen geeignete Unterrichtsmodelle entwickelt werden, damit eine nahtlose Umsetzung im Unterrichtsalltag möglich ist. Besonders im Bereich der „Neuen Medien" sind Lehrer dankbar für jede sinnvolle Hilfestellung für den Unterricht.[15]

Schullizenzen und Hardwarevoraussetzungen

Die Frage nach den Schullizenzen und den Hardwarevoraussetzungen sind eng miteinander verbunden.

Der Einsatz von „multimedialen CD-ROM" erfordert hohe Anforderungen an die Computerausstattung einer Schule. Reichten die „alten 486er" Computer für die eingangs aufgeführten geographischen Programmen vollends aus, so ist es heute, ausgehend von den Systemvoraussetzungen der meisten CD-ROM, nicht mehr möglich unter den Mindeststandard eines Pentium-Rechners mit ausreichendem Arbeitsspeicher zu gehen. Natürlich ist ein CD-ROM-Laufwerk notwendig oder aber ein CD-ROM-Server, von dem aus die CD-ROM zentral abgespielt werden kann.

---

[15] Der Bildungsserver Rheinland-Pfalz bietet hier eine Vielzahl von Unterrichtsmodellen
URL: http://bildung-rp.de/LMZ/erdkunde.pht

Aus Sicht der Verlage ist die Nutzung von einer CD-ROM pro Rechner wünschenswert, da diese Variante zu keinerlei Lizenzproblemen führt und ein Optimum an Gewinn verspricht.

Von Seiten der Schulen ist diese Variante aus wirtschaftlichen Erwägungen[16] nicht erstrebenswert. Viele Schulen versuchen über einen zentralen CD-ROM-Server mit einer CD-ROM alle Rechner im Netzwerk anzusprechen. Damit ist das Lizenzproblem immer noch nicht gelöst. Verlage und Schulträger müssen hier noch zu einer sinnvollen Lösung kommen.

Viele CD-ROMs lassen sich auch nicht in einem Netzwerk abspielen. Im „Testing" der CD-ROM „Alex auf Reisen: In den Regenwald" wird daher auch mit Einzelrechnern im Fachraum gearbeitet.

Exkurs Internet

Fast parallel zu der skizzierten Entwicklung im Bereich Multimedia und CD-ROM vollzog sich und vollzieht sich noch immer eine Entwicklung im Bereich „Internet", der die kühnsten Erwartungen übertrifft. Mit der Schaffung einer graphischen Oberfläche im Jahre 1993 stand der Internetnutzung, die bisher den Militärs und den Universitäten vorbehalten war, für „Jedermann" nichts mehr im Wege.

Schnelle Informationsbeschaffung weltweit über das World Wide Web (www), umfangreicher direkter Datentransfer mit Hilfe des File Transfer Protocols (FTP), schnelle weltweite Kommunikation per elektronischer Post (E-Mail) und die Nutzung von Newsgroups sind die besonderen Qualitäten des weltweiten Internets, dem sich auch die Schulen nicht verschließen können.

Mit der bundesweiten Initiative „Schulen ans Netz" wurde im Jahre 1995 der Startschuss für eine Entwicklung zur flächendeckenden Ausstattung aller bundesdeutschen Schulen mit einem Internetzugang gegeben. Trotz großer Anfangsschwierigkeiten sind die Ergebnisse von Einstiegs- und Modellprojekten sehr ansprechend. In deutschen Schulen weht ein neuer Wind, ausgelöst durch die neuen Möglichkeiten, die die Internetdienste eröffnen.

---

[16] Begrenztheit der Haushaltsmittel

Testing der CD-Rom „Alex auf Reisen: In den Regenwald" im Rahmen des Modellprojektes Schulen ans Netz am Gymnasium zu St. Katharinen Oppenheim

Vorbemerkungen

Zum 1. November 1998 erhielt das Gymnasium zu St. Katharinen von „Schulen ans Netz" eine Förderung als Modellprojekt. Ausstattungsmäßig bedeutete dies ein zusätzliches kleines Netzwerk im Erdkunde-Fachraum mit einem Server, einem Internetanschluss und drei neuen Rechnern ergänzend zu den schon drei vorhandenen Multimedia-Computern. Jeder Rechner ist unabhängig vom Netzwerk auch als Einzelrechner voll einsetzbar. Damit war und ist es möglich, sofern ausreichend CD-ROM zu einem Thema vorhanden sind, problemlos CD-ROM einzusetzen. Jetzt waren Voraussetzungen geschaffen auch CD-ROM im Unterricht zu verwenden, die nicht netzwerkfähig sind oder unter dem Betriebssystem Windows NT nicht laufen. „Alex auf Reisen: In den Regenwald" konnte nunmehr im Unterrichtseinsatz getestet werden.

Bemerkungen zur Klasse

Die Klasse 5c umfasst 31 Schüler – 15 Mädchen und 16 Jungen. Von Anfang an wurde der Einsatz von Computern in dieser Klasse systematisch eingeführt. Einfache topographische Programme, wie „To-

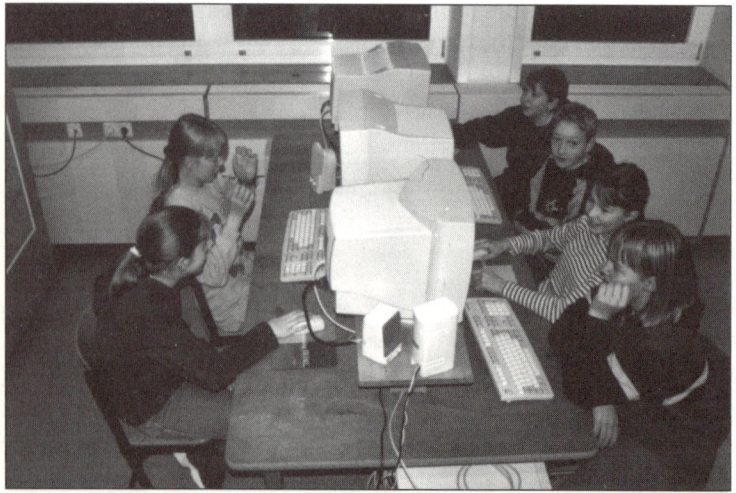

Abb. 1: Schülerinnen und Schüler beim Testing

pographie Rheinland-Pfalz" und „WinWelt", bildeten den Einstieg in die Benutzung und Handhabung eines Computers.

Sehr schnell erlangten die Schüler die grundlegenden Fertigkeiten, sofern sie noch nicht vom häuslichen Computer bekannt waren, zur Bedienung und Nutzung eines Computers. Spezifische Unterschiede zwischen Jungen und Mädchen in der Computernutzung waren nicht erkennbar.

Ziel des „Testings"

In Absprache mit dem Klett-Perthes-Verlag sollte das „Testing" der CD-ROM „Alex auf Reisen: In den Regenwald" folgende Zielsetzung verfolgen: Ist es möglich, dass ein Schüler selbstgesteuert, mit Hilfe einer Multimedia CD-ROM, sich Sachverhalte erarbeiten und anschließend anwenden kann?

Am Beispiel des Themas „Ein Tag im tropischen Regenwald" sollte diese Fragestellung untersucht werden. Hierzu wurden drei Gruppen gebildet:

Gruppe 1 wurde nach der herkömmlichen Methode mit Buch, Atlas, Gruppenarbeit, Unterrichtsgespräch und gemeinsam erarbeitetem Tafelbild unterrichtet.

Gruppe 2 erhielt ausschließlich die CD-ROM „Alex auf Reisen: In den Regenwald", die an einem Multimedia PC abgespielt werden konnte. Immer zwei Schüler arbeiteten an einem PC.

Abb. 2: Beim Testing

41

Gruppe 3 erhielt ebenfalls die CD-ROM mit einem Multimedia PC, dazu aber zusätzliche Arbeitsmittel wie das Schülerbuch Terra 5/6, den Atlas und ggf. die Wandkarte

Die Gruppen 2 und 3 hatten das gleiche Arbeitsblatt als Grundlage. Die Arbeitsergebnisse von Gruppe 2 und 3 wurden nicht überprüft, was im Vorfeld von den Schülern kritisch angemerkt wurde („Woher sollen wir wissen, was richtig ist?"), da sie wussten, dass anschließend ein Test folgte.

In einer 5./6. Stunde an einem Freitag wurde das Thema mit der Gruppe 1 erarbeitet, während die anderen beiden Gruppen unterrichtsfrei hatten. Am folgenden Montag konnten dann die Schüler aus Gruppe 1 die ersten beiden Stunden „länger schlafen", während die beiden anderen Gruppen das Thema mit Hilfe der CD-ROM bzw. mit noch weiteren Hilfsmitteln erarbeiteten.

Die Gruppenzusammensetzung war völlig willkürlich bzw. orientierte sich an dem Kriterium der Busverbindungen zu den Wohnorten der einzelnen Schüler.

Unterrichtsverlauf Gruppe 1
Der Unterricht orientierte sich am Kapitel „Im tropischen Regenwald" im Schülerbuch Terra 5/6 auf den Seiten 73–77. Als Einstieg diente der Erlebnisbericht „Ein Tag im tropischen Regenwald". Folgende Fragestellungen erschlossen anschließend im Unterricht das Thema:
• Welche Länder besitzen einen tropischen Regenwald?
• Wie verläuft ein Tag im tropischen Regenwald?
• Kennzeichne das Klima im tropischen Regenwald!
• Zeige Unterschiede zu unserem Klima in Oppenheim auf!

Die Ergebnisse wurden an der Tafel festgehalten und von jedem Schüler in sein Heft übertragen.

Unterrichtsverlauf bei den Gruppen 2 und 3
Beide Gruppen erhielten zunächst eine Einweisung über ein Daten-Display in die Installation und Nutzung der CD-ROM „Mit Alex auf Reisen: In den Regenwald".

Anschließend wurden die Schüler in Zweiergruppen eingeteilt und sollten mit Hilfe des Arbeitsblattes und den zulässigen Hilfsmitteln ihre Aufgaben eigenständig lösen.

Bis auf kleine Anlaufprobleme, ein Lautsprecher fiel aus oder eine Gruppe „verirrte" sich in das „Dschungelquartett", verlief die Erarbeitungsphase ohne nennenswerte Schwierigkeiten.

Nach einer Stunde war Gruppe 2 schon fertig und erhielt zusätzliche Aufgabenstellungen und nach Lösung dieser Aufgaben die Erlaubnis ein Spiel auf der CD-ROM zu machen.

Gruppe 3, die zusätzlich neben der CD-ROM noch weitere Arbeitsmittel einsetzen durfte, arbeitete sehr intensiv und benötigte voll die vorgegebenen zwei Unterrichtsstunden.

Auswertung

Die Fragestellungen des Tests orientierten sich an den gemeinsamen Fragestellungen aus dem Unterricht der Gruppe 1 und dem Arbeitsblatt der beiden „Multimedia-Gruppen".

Mit Alex im tropischen Regenwald - Arbeitsblatt Gruppe 2 und 3   PÜSCHEL/REIF

Themen des
„Hauptmenüs"
Reise
in den Regenwald

+ Bildschirmseiten
- Ein Tag im Tropischen Regenwald/Video
- Lexikon / Tropischer Regenwald u.a. Begriffe
- Regenwälder der Erde

Übungen:

Zum Video:
Schaue dir das **Video** an und bearbeite auch unter Verwendung des **Lexikons** (im PC-Programm) folgende Fragen:

Gruppe 2
Hat nur die CD-ROM
„Alex im tropischen
Regenwald"
als Arbeitsgrundlage"

1.) Welche übergeordneten Themen werden in dem Videofilm angesprochen? Notiere Überschriften!
2.1) Nenne Länder die einen tropischen Regenwald haben? Sortiere nach Kontinenten!
2.2) Überprüfe und ergänze Dein Wissen mit der Übung „Regenwälder der Erde"!

Gruppe 3
Hat die CD-ROM „Alex
im tropischen
Regenwald", den Atlas,
das Erdkundebuch u.a.
Informationsquellen
als Arbeitsgrundlage.

3.) Beschreibe den täglichen Ablauf des Wetters im tropischen Regenwald! Benutze dabei Zeitangaben/Uhrzeit!
4.) Welche Kennzeichen hat das Klima im Regenwald? Lege in Deinem Heft zwei Spalten an und vergleiche mit dem Klima bei uns in Oppenheim oder in Mainz!

Ü Ü

Zum Trickfilm:
5.) Erkläre mit Hilfe einer Skizze das Entstehen eines Zenitalregens.
6.) Was versteht man unter einem Tageszeitenklima? Erkläre!
Weitere Infos:
Wenn Du noch Zeit hast, dann besorge Dir noch weitere Informationen zum tropischen Regen wald! z.B. zur Pflanzen- und Tierwelt im Programm unte- „Im Regenwald" und im „Regenwaldquartett"

Abb. 3: Arbeitsblatt

Test:

Überprüfung – Alex im Regenwald – 24.3.99

Name:_____Gruppe:____

1. Zwischen welchen Breitengraden liegen die großen Regenwaldgebiete der Erde?
2. Nenne pro Kontinent jeweils drei Staaten, die Anteil am tropischen Regenwald haben!
3. Beschreibe den täglichen Ablauf des Wetters im tropischen Regenwald! Benutze dabei Zeitangaben/Uhrzeit!
4. Welche Kennzeichen hat das Klima im tropischen Regenwald und vergleiche mit dem Klima in Oppenheim oder Mainz!

Zwei zusätzliche Fragen, von denen Du nur eine beantworten musst!
5. Was versteht man unter einem Tageszeitenklima?
6. Welche Besonderheiten der Pflanzenwelt bietet der tropische Regenwald?

Abb. 4:   Test

Die Auswertung der Ergebnisse der Tests ergab klar einen Vorteil für Gruppe 1, die das Thema mit herkömmlichen Methoden erarbeitete. Danach folgte Gruppe 3, die zur CD-ROM noch weitere Hilfsmittel einsetzen durfte, und anschließend Gruppe 2, die ausschließlich die CD-ROM als Hilfsmittel hatte.

Im vorgegebenen Rahmen des „Testings", das keinerlei Anspruch auf Allgemeingültig erhebt, ist dieses Ergebnis nicht verwunderlich.

Gruppe 1 hatte gegenüber den beiden „Multimedia-Gruppen" einen eindeutigen Vorteil. Sie hatten durch das Unterrichtsgespräch und der Ergebnissicherung im Tafelbild ein klares Unterrichtsergebnis, das sie „getrost" mit nach Hause nehmen konnten.

Die beiden Multimedia-Gruppen hatten keine vergleichbare Ergebnissicherung und zusätzlich war die Gruppe 2 in ihren Recherche-Möglichkeiten – die CD-ROM als einziges Arbeitsmittel – eingegrenzt. Trotzdem kam Gruppe 3 recht nahe an die Ergebnisse von Gruppe 1 heran.

In einem Punkt hatten die beiden Multimedia-Gruppen eindeutig die Nase vorn – sie entwickelten eigenständig Recherche-Methoden zur Lösung der Aufgabenstellungen und eine selbstentwickelte

Dokumentationsstruktur für ihre Ergebnisse. Zusätzlich war der Motivationsgrad sehr hoch. Eine Parallelgruppe in der gleichen Jahrgangsstufe kam zu ähnlichen Ergebnissen.

Konsequenzen aus diesem Testing:
Unabhängig von den eingesetzten Arbeitsmitteln ist eine Ergebnissicherung durch ein abschließendes gemeinsames Gespräch notwendig und sinnvoll. Die Anmerkung der Schüler – „Woher sollen wir wissen, was richtig ist?" – machte dies auch deutlich.

Neben den herkömmlichen Arbeitsmitteln und Arbeitsmethoden ist es sinnvoll, alle zusätzlichen Möglichkeiten auszuschöpfen, um eigenständiges und „entdeckendes Lernen" zu fördern. Hier bieten sich unbestritten die „Neuen Medien" an.

Ein halbes Jahr später wurde, im Rahmen einer Lehrerfortbildungsveranstaltung des BLK-Modellversuches SEMIS, in der gleichen Klasse ebenfalls mit der CD-ROM „Alex auf Reisen: In den Regenwald" eine Demonstrationsstunde zum Thema „Leben der Pygmäen" gehalten. Die anwesenden Kollegen zeigten sich beeindruckt über das selbständige Arbeiten der Schüler mit den vorgegebenen Aufgabenstellungen.

Literatur

BIRKENHAUER, J. (Hrsg.): Didaktik der Geographie – Medien, Systematik und Praxis, München 1997

DIECKMANN, E.-G.: Neue Medien erfordern einen neuen Unterricht – Der Einsatz der neuen Informations- und Kommunikationstechniken verändert den Unterricht. In: Pädagogische Nachrichten 1/99 des Pädagogischen Zentrums (PZ) des Landes Rheinland-Pfalz (Hrsg.), S. 4–8

FRIZ, S.: „Die Alpen" – ein neuer Standard für multimediale Systeme für den schulischen Bereich – Zum Abschluß des Modellversuchs SEMIS. In: FWU Magazin 4/1998, München 1998, S. 2–5

FWU Institut für Film und Bild in Wissenschaft und Unterricht (Hrsg.): Computer in der Schule – Software im Unterricht, FWU Magazin Nr. 5/1995, München 1995

FWU Institut für Film und Bild in Wissenschaft und Unterricht (Hrsg.): Internet und Multimedia: Neue Medien im Unterricht, FWU Magazin Nr. 5–6/1997, München 1997

FWU Institut für Film und Bild in Wissenschaft und Unterricht (Hrsg.): Multimedia in der Schule, FWU Magazin Nr. 5–6/1996, München 1996

GABRIEL, N.: Kulturwissenschaften und Neue Medien – Wissensvermittlung im digitalen Zeitalter, Darmstadt 1997

GOEUDEVERT, D.: Mit Träumen beginnt die Realität, Berlin 1999

GOLEMANN, D.: Emotionale Intelligenz, München 1995

GOTTWALD, F.-T./SPINNKART, K. P.: Wissensrevolution – Lernort Multi-Media-Campus, Düsseldorf 1999

ISSING, L. J./KLIMSA, P. (Hrsg.): Information und Lernen mit Multimedia, Weinheim 1997

Landesmedienzentrum Rheinland-Pfalz (Hrsg.): Netzwerk Schule – Begegnung mit und durch Medien, Koblenz 1998

Pädagogisches Zentrum (PZ) des Landes Rheinland-Pfalz (Hrsg.): Der Computer in der Lebenswelt von Schülern – Ergebnisse einer Befragung, aus der Reihe Pädagogik zeitgemäß, Schriftenreihe Heft 31, Bad Kreuznach, Alzey 1998

Pädagogisches Zentrum (PZ) des Landes Rheinland-Pfalz (Hrsg.): Immer mehr Medien... Ein Gewinn für die Schule?, Pädagogische Nachrichten 1/99, Alzey 99

PAPERT, S.: Revolution des Lernens – Kinder, Computer, Schule in einer digitalen Welt, Hannover 1994

SCHRETTENBRUNNER, H. (Hrsg.): Software für den Geographieunterricht, Geographiedidaktische Forschungen Band 18, Nürnberg 1997

Zentralstelle für Computer und Unterricht (Hrsg.): Computer und Fachdidaktik – Erdkunde, Anregungen, Unterrichtsmodelle, Perspektiven, Augsburg 1995

GÜNTER GERHARZ

Klima-Lernprogramme im Unterricht: ein Praxistest

Der Themenbereich Klima und Wetter ist ein für die Schulgeographie fundamental wichtiger, aber auch komplexer, schwieriger und somit wenig motivierender Themenbereich. Dies gilt zumindest dann, wenn man die leicht aktualisierbaren und dramatisierbaren Folgephänomene des Wetters verlässt, um zu den notwendigen Ursachen grundlegender Klima- und Wetterphänomene zu gelangen. Insofern ist es erfreulich, dass es zu keinem geographischen Themenkomplex mehr Computerprogramme gibt als zum Bereich Klima und Wetter – zur Zeit etwa ein gutes halbes Dutzend. Zwei der besten sind „WetterGrundkurs" und „Wetter und Klima" (Friedrich-Verlag); diese beiden nahezu themengleichen Programme wurden im Abstand von zweieinhalb Jahren in zwei elften und einer zehnten Gymnasialklasse eingesetzt, um ihre unterrichtliche Eignung zu erproben.

1.   Die Programme

„WetterGrundkurs" wurde in der Version 1.01 noch als DOS-Version eingesetzt (inzwischen ist es auch als erweiterte Windows-Version 2.0 erhältlich); es ist eine deutsche Produktion, der Autor ist LUDWIG LENZ; Erscheinungsjahr 1995;. Das beiliegende Handbuch (23 S. plus Testvorschlag) ist gut verständlich verfasst und ausreichend. „WetterGrundkurs" wird vertrieben über: Software für Geographie, Regensburger Str. 160, 90478 Nürnberg.

„WetterGrundkurs" ist ein für die Sekundarstufe II geschriebenes Programm, welches die physikalisch-chemischen Grundlagen von Wetter und Klima auf der Erde darzustellen sucht.

„Wetter und Klima" ist ein in Großbritannien entwickeltes Multimedia-Lernprogramm (Umfang 464 MB), dass von HARTWIG HAUBRICH ins Deutsche übertragen und adaptiert wurde (die Originalversion liegt bei); die CD-ROM ist 1998 im Friedrich-Verlag (geographie heute) erschienen und im Fachhandel erhältlich. Auch „Wetter und Klima" ist eine für den Unterricht konzipierte Lernumgebung, allerdings für Sekundarstufe I und II. Dem Trend entsprechend sind hier die didaktisch-methodischen Erläuterungen gleich mit auf die CD-ROM gepresst worden. „Wetter und Klima" erhebt ebenfalls den Anspruch, Grundkenntnisse über das Klima der Erde und die Wetterfaktoren zu vermitteln.

Gemeinsam ist beiden Programmen also: Aufbau, didaktische Grundkonzeption und –ziele, Lernprinzip, Tests, Verwendung von Simulationen, einfache, „selbsterklärende", Bedienung. In beiden Programmen ist das Grundelement die thematische Bildschirmseite bzw. Abfolge von mehreren Bildschirmseiten, auf denen jeweils mittels Text, starren oder bewegten Abbildung(en) (= Simulationen, evtl. noch mit unterlegtem Kommentar) oder Videosequenzen das gewählte Thema erklärt wird.

Die Unterschiede liegen im wesentlichen in den folgenden Bereichen: „WetterGrundkurs" ist stringenter, systematischer und analytischer aufgebaut, „Wetter und Klima" dafür breiter und enzyklopädischer angelegt, stärker deskripitiv ausgerichtet. Außerdem beinhaltet „Wetter und Klima" mehr interaktive Elemente.

Das Inhaltsverzeichnis beider Programme dokumentiert Umfang, Unterschiede und Gemeinsamkeiten:

„WetterGrundkurs" enthält ein Einführungskapitel und vier Hauptkapitel, die noch einmal in Unterkapitel unterteilt sind.	**„Wetter und Klima":** die sieben Kapitel gliedern sich in folgende Unterabschnitte:
Erdatmosphäre (ohne Unterkapitel)	Klima der Erde Klimazonen Luftzirkulation Meeresströme
Strahlungsbilanz Erdbahn: Jahreszeiten Ein- und Ausstrahlung Erdalbedo Globalstrahlung Gesamtstrahlung	Klimafaktoren Geographische Breite Sonnenstand Höhenlage Exposition Meereseinfluss
Wolken / Niederschlag Wolkenbildung Eiskeim / Destillation	Tag und Nacht Luftdruck und Winde

Aufwind/Koagulation
  Steigungsregen/Föhn
  Front: Aufgleitvorgang
  Wolkenarten und
  Wolkenstockwerke

Wind
  Stabile und labile Luftschichtung
  Land-Seewind-System
  Wind als Druckaus-
  gleichsströmung
  Erdrotation: Corioliskraft
  Höhenwind: ohne Reibung
  Bodenwind: mit Reibung

Umwelt
  Wintersmog
  Treibhauseffekt
  Sommersmog: Ozon
  der Troposphäre
  Ozonloch der
  Stratosphäre

Wettersysteme
  Mikroklima

Typisches Wetter
  Sommergewitter
  Frühlingsstürme
  Monat für Monat
  Wetterwechsel

Wetterbedingungen
  Sonne
  Wind
  Wolken
  Niederschlag
  Gewitter

Wettervorhersage
  Luftdruck
  Wetterabfolgen
  Wolkenquiz

Klimazonen in Europa
  (ohne Unterkapitel)
Mensch und Klima
  (ohne Unterkapitel)

2. Die Erprobung

(a) „WetterGrundkurs"

Das Lernprogramm „WetterGrundkurs" wurde im August/September 1996 am Gymnasium Voerde erprobt, und zwar mit zwei Klassen 11 im Fachunterricht Erdkunde; die Lerngruppe 11a umfasst 25 Schülerinnen und Schüler, die Lerngruppe 11b 18 beteiligte Schülerinnen und Schüler. Die Erprobung dauerte jeweils drei Schulstunden.

Aufgrund der technischen Anforderungen des Programms (Speicher/Grafik) standen den Schülerinnen und Schülern nur sechs Personalcomputer zur Verfügung. Da die Lerngruppe 11a 25 Schülerinnen und Schüler umfasst, wurde sie strikt in zwei Gruppen geteilt: in die Gruppe C(omputer), die 12 Schülerinnen und Schüler umfasste (von nun an 11C genannt) und in die Gruppe

B(uch), die 13 Schülerinnen und Schüler umfasste (von nun an 11B genannt). Die Lerngruppe 11b mit 18 Schülerinnen und Schülern konnte beide Medien nutzen (daher nun 11BC genannt).

Das schulinterne Curriculum des Faches Erdkunde am Gymnasium Voerde sah für das Halbjahr 11.1 das Thema „Mensch und Umwelt, Möglichkeiten und Grenzen der Nutzung in verschiedenen Landschaftsgürteln" vor, d. h. letztlich grundlegende Themenbereiche der physischen Geographie. Wie maßgeschneidert passte das Lernprogramm „WetterGrundkurs" an den Beginn des Unterrichts. Als Buch wurde verwendet: DIETER ENGELMANN / WOLFGANG LATZ, Landschaftsgürtel. Ökologie und Nutzung, Braunschweig 1993, S. 8 – 18. Dieses Buch enthält auf zehn Seiten komprimiert ziemlich genau den Stoff, den der „WetterGrundkurs" zum Inhalt hat. Allerdings musste der „WetterGrundkurs" um das komplette letzte Kapitel (Wetter und Umwelt) und Teile des ersten Kapitels gekürzt werden, um die thematische Vergleichbarkeit mit dem Buch zu gewährleisten.

Lernziele und Lernwege
Die Schülerinnen und Schüler der beiden Lerngruppen der Jahrgangsstufe 11 sollen grundlegende Kenntnisse über das Klima der Erde gewinnen. Sie sollen den Aufbau der Atmosphäre, die Strahlungsbilanz, Wolkenbildung, Niederschlag, Luftdruck und Windsysteme kennen. Sie sollen diese Basiskenntnisse entweder nur mit dem Programm „WetterGrundkurs" am Computer (Lerngruppe 11C), oder nur mit dem Schulbuch (Lerngruppe 11B) oder mit beiden Medien (Lerngruppe 11BC) erwerben.

Gruppe C: Die sechs PC wurden in Gruppen von jeweils 3 Schülerinnen und Schülern genutzt – am Anfang jedenfalls. Durch den rasch einsetzenden Teilausfall der Programme wurde diese Zahl leider häufig überschritten. Das Programm stand den Schülerinnen und Schülern ohne irgendwelche Beschränkungen (Reihenfolge u. a.) zur Verfügung, was sehr schnell zu einem stark differierenden Nutzungsverhalten führte. Auffällig war von Beginn an, dass die „Computer-Lerner" die im Programm angebotenen Simulationen und die Tests besonders intensiv nutzen; dagegen wurden die Informationstafeln z. T. nur flüchtig gelesen. Weiterhin fiel auf, dass von den „Buch-Lernern" häufig Erklärungsfragen gestellt wurden, jedoch kaum von den „Computer-Lernern". Recht unproblematisch verlief das sich-wieder-ins-Programm-Einlesen nach einer mehrtägigen Unterrichtspause.

Gruppe BC: Die Computer wurden genauso genutzt wie in Gruppe C, das Buch praktisch nur zur Nacharbeit zu Hause.

Gruppe B: Es bildeten von selbst kleine Arbeitsgruppen, die sich die Buchkapitel selbständig erarbeiteten.

Bewertung des Programms

Zur Evaluierung wurden zwei Methoden verwand: zum einen ein Test (siehe Anlage), der mehr oder weniger objektiv den kognitiven Faktor des Lernprozesses der drei Schülerinnen und Schülergruppen zu messen hatte; zum anderen eine Diskussion bzw. Umfrage zur dezidiert subjektiven Bewertung der beiden Medien Buch und Computer.

(a) Testergebnis:	Lerngruppe C (11 S.)	9,2 Punkte
	Lerngruppe B (11 S.)	9,9 Punkte
	Lerngruppe BC (17 S.)	11,1 Punkte

Anzumerken ist noch, dass sich die drei Gruppen in ihrem durchschnittlichen Leistungsbild (ermittelt nach den Zeugnisnoten 10) nicht wesentlich unterscheiden.

Während die Leistungsdifferenz zwischen der Lerngruppe C und B mit 0,7 Punkten noch innerhalb der statistischen Fehlergrenzen liegt, ist der Unterschied zwischen der Lerngruppe C mit 9,2 Punkten und der Lerngruppe BC mit 11,1 Punkten bereits signifikant.

Signifikante Unterschiede innerhalb des Tests: Die Aufgabe 3.2. „Erkläre die Entstehung von Land- und Seewindsystemen" wird von fast allen Computernutzern in den Gruppen C und BC beantwortet, von den meisten Buch-Lesern hingegen nicht; ähnlich verhält es sich mit der Aufgabe 2.1. „Beschreibe, wie Steigungsregen und Föhn entstehen!". Umgekehrt vermögen die Buch-Arbeiter die Aufgaben 2.3. „Beschreibe die Ursachen für die Kondensation" und 2.2. „Wie kann „latente Wärme" über weite Entfernungen transportiert werden?" besser zu lösen als die Computernutzer. Diese Unterschiede sind im wesentlichen bedingt durch die Anschaulichkeit bzw. Ausführlichkeit, mit der diese Teilthemen in den jeweiligen Medien behandelt werden.

(b) Bewertungen

Einige typische Beispiele von Bewertungen seien auszugsweise kurz zitiert:

Pro Computer: „Simulationen, Testfragen"; „Mir hat die Arbeit am Computer besser gefallen, weil die Texte verständlicher und besser gegliedert waren als im Buch." weil „Die Grafiken am Computer besser und leichter zu verstehen sind."

Kontra Computer: „Was mir an der Arbeit am Computer nicht gefallen hat war, daß man nicht den einen oder anderen erklärenden Text ausdrucken konnte, um diesen zu Hause noch einmal durchzulesen."

Pro Buch: „Mir hat es gefallen, mit dem Buch zu arbeiten, weil die meisten Fremdwörter erklärt wurden; man damit auch zu Hause arbeiten konnte; durch den Text sehr viel Information überliefert wurden".

Kontra Buch: „Die Erarbeitung des Themas Klima durch das Medium Buch hat mit mißfallen. weil die Erklärungen zu vielen Vorgängen nur schwer verständlich waren. Dies war vor allem bedingt durch die Fachbegriffe, die in diesen Texten verwendet wurden."

Differenziert: „Ich fand die Erarbeitung am Computer interessant, es war mal was anderes als der übliche Unterricht. Trotzdem konnte man am Computer nicht so gut lernen, da die Simulationen oft abgelenkt haben. Mit dem Buch konnte man also besser lernen, auch wenn die Texte teilweise schwierig zu verstehen waren." „Die Erarbeitung des Themas Klima durch das Medium Buch hat mir zwar nicht so gut gefallen, aber zum Teil war es leichter, die Texte aus dem Buch zu lesen als die Texte vom Bildschirm abzulesen. Die Computerarbeit war anschaulicher, vor allem durch die vielen Simulationen." „Es hat Spaß gemacht, sich durch den Computer einen Überblick über das Thema "Klima zu machen, jedoch ist es am besten Buch und Computer parallel zu verwenden."

Ergebnisse

- Mit der technischen Handhabung der Software gab es nicht unbeträchtliche Probleme. Immer häufiger fielen Teile des Programms aus. Geräte, die nur knapp den Hardwareanforderungen von „WetterGrundkurs" genügen, sind aufgrund der Programminstabilität nicht für den Dauerbetrieb zu empfehlen – oder umgekehrt: die Betriebssicherheit des Programms lässt zu wünschen übrig.

- Das Lernprogramm „WetterGrundkurs" wird im Grundsatz von den Schülerinnen und Schülern gut aufgenommen, allerdings wird recht differenziert gewertet und auch kritisiert. Im direkten Vergleich zum Buch werden sowohl die Vorzüge des Programms (Simulationen, Tests, Elementarisierungen) als auch seine Nachteile (keine Mitnahmemöglichkeit nach Hause, Lernprobleme) benannt - und entsprechend umgekehrt auch die Vor- und Nachteile des Buches. Über 70 % der Bewertungs-Antworten der Schülerinnen und Schüler nehmen diese Differenzierung vor. Die Ergebnisse des Tests unterstützen diese deutliche Differenzierung: die Arbeitsgruppen 11C und 11B, die jeweils nur mit einem Medium, dem Computer oder dem Buch gearbeitet hatten, schneiden deutlich schlechter ab als die Gruppe 11BC, die beide Medien parallel nutzen konnte. Man kann also feststellen:

- (a) „WetterGrundkurs" ergänzt den klassischen Erdkundeunterricht gut und zwar sowohl thematisch durch eine gut strukturiertes Klima-Lernprogramm als auch:
  (b) didaktisch-methodisch durch veränderte Lernformen (verstärkte Eigeninitiative in Gruppenarbeit, Selbstbestimmung der Schülerinnen und Schülern und vermehrter Spaß am Lernen).
  (c) Dabei ist „WetterGrundkurs" der Schulpraxis insofern gut angepasst, als es selbsterklärend sofort einsetzbar ist, auch in Einzelstunden „passt" und schultypisch kurze Einsätze möglich macht. In den vorgesehenen drei Unterrichtsstunden konnte der komplexe Stoff gut vermittelt werden, wie die Testergebnisse ausweisen.
- Fazit: Das Lernprogramm „WetterGrundkurs" vermag in Kombination mit dem konventionellen Lernmedium Buch das Lernziel „grundlegende Kenntnisse über das Klima der Erde gewinnen" gut zu erfüllen, und zwar besser als in jedem konventionellen Unterricht in der gleichen (kurzen) Zeit.

(b) „Wetter und Klima"

Das Lernprogramm „Wetter und Klima" wurde im Februar / März 1999 am Gymnasium Voerde erprobt, und zwar mit einer Klasse 10 im Differenzierungsbereich Erdkunde / Geschichte; die Lerngruppe umfasste 15 Schülerinnen und Schüler. Die Erobungsdauer betrug fünf Schulstunden (geplant) und sieben (effektiv).

Das Programm wurde im vernetzten Computerraum der Schule „gefahren": jeweils zwei Schülerinnen und Schüler teilten sich ein Gerät. In der vorausgehenden Unterrichtsreihe („der Nahe Osten") stellten die Schülerinnen und Schüler bei sich selbst nicht unbeträchtliche Defizite im Bereich Klima und Wetter fest. Daraus ergab sich zwanglos der Wunsch nach einer vertieften Einführung in diese Materie; nach kurzer Diskussion entschied sich die Lerngruppe einstimmig für die vorliegende Lernsoftware und gegen „klassische" Medien wie Lehrfilm oder Buch.

Lernziele und Lernwege

Die Schülerinnen und Schüler der Lerngruppe der Jahrgangsstufe 10 wollen grundlegende Kenntnisse über das Klima der Erde und die Wetterfaktoren gewinnen. Sie wollen den Aufbau der Atmosphäre, die Strahlungsbilanz, Wolkenbildung, Niederschlag, Luftdruck, Windsysteme kennen und ihr Zusammenspiel im Klima kennen lernen. Sie wollen diese Basiskenntnisse mit dem Programm „Wetter und Klima" erwerben und zwar auf ausdrücklichen Wunsch im „Selbststudium".

Wie oben schon erläutert, bestimmten die Schülerinnen und Schüler weitgehend selbständig die Lernziele und damit auch die Nutzung des Programms. Trotz individueller Unterschiede ergaben sich bei der Computerarbeit folgende vier Hauptphasen:

• Erkundung des Programms
• Entscheidung für eine Themensequenz
• Nutzung dieser Sequenz
• Einbeziehung der Testvorlagen

Bewertung des Programms

Zur Evaluierung wurde nach der ersten Stunde am Computer eine Umfrage durchgeführt; nach Beendigung der Computerarbeit dann eine zweite, abschließende Umfrage. Einige typische Beispiele von Bewertungen seien auszugsweise kurz zitiert:

Pro Programm: „Gute Graphiken, verständliche Texte, sinnvolle Animationen."
„Wenn man etwas gefunden hat, ist es sehr ausführlich beschrieben."
„Das Programm ist sehr informativ und interessant."
„Die Themen sind interessant und man erfährt viel über das Wetter auf der Welt und in Europa."

Kontra Programm: „Nicht mit dem Programm abgestimmte Testfragen."
„Testfragen kann man nur schwer beantworten."
„Suchfunktion funktioniert nicht."
„Tests sind schwer zu lösen mit dem Programm."
„Grafik undeutlich"/„Grafikaufbau und Simulationen zu langsam!"

Differenziert: „Das Programm ist ausführlich gegliedert und auch recht übersichtlich. Mit der Suchhilfe findet man Wetter und klimabezogene Begriffe einfach und schnell. Allerdings ist das Programm nur hilfreich, wenn man weiß, wonach man sucht. Will man nur informiert werden, so ist das Schulbuch oder eine Schulstunde Erdkunde weitaus hilfreicher, um einen groben (allgemeinen)

Überblick zu bekommen. Um die Fragen der Tests zu beantworten, muß man viel Zeit mitbringen, da man für die Beantwortung das Programm gut kennen bzw. lange suchen muß."

Nach der ersten Stunde stuften 93 % der Schülerrinnen und Schüler „Wetter und Klima" positiv ein – allerdings hatten auch 80 % bereits Kritik anzumelden (schwerpunktmäßig an der Suchhilfe, den Testfragen und der Graphik; nach der fünften Stunde bewerteten die Schülerrinnen und Schüler das Programm 50 % schlechter und 50 % genauso gut wie ein Schulbuch, 73 % schlechter als Unterricht. Diese – wenn auch differenzierte – deutlich negative Wertung führte direkt in eine lebhafte Diskussion über das Programm; rasch schälten sich drei Hauptprobleme heraus:
• Technische Probleme: im Netzwerk gibt es deutliche Einbußen an Performance, was sich vor allem bei der Grafik (Verschlechterung der Auflösung) und der zu geringen Geschwindigkeit der Simulationen auswirkt.
• Fehleinschätzung des Programms: selbstkritisch merkten die Schülerinnen und Schüler an, das Programm über- bzw. unterschätzt zu haben, was seine Anforderungen bzw. seine Komplexität betraf; daraus folgt die:
• Fehlende Einbindung in den Unterricht – die Schülerinnen und Schüler blieben mit sich und dem Programm gewollt allein.

Aus der konstruktiven Diskussion wurden zwei praktische Konsequenzen gezogen:
(a) Mit acht Freiwilligen wurde die Basis-Sequenz „Klimafaktoren" (47 Bildschirmseiten) in einer Doppelstunde am Nachmittag, diesmal unterrichtlich eingebunden (Vorbereitung, Lehrerbegleitung) be- und erarbeitet. Nach dieser Doppelstunde waren diese acht in der Lage, die Defizite ihrer Mitschüler im Bereich Klimafaktoren vollständig abzubauen.
(b) Vier Schülerinnen und Schüler übernahmen es, die Sequenzen Klimazonen, Klimazonen in Europa und Wetterbedingungen als Hausarbeit auszuwerten und in Referatform der Lerngruppe vorzustellen; so waren die restlichen noch nicht ganz geklärten Klimafragen gelöst.

Alle an diesen Zusatzaktionen beteiligten Schüler modifizierten ihre Bewertung des Programms deutlich in positiver Richtung. Damit konnte das selbstgesteckte Ziel der Lerngruppe – wenn auch modifiziert und mit Verzögerung – mit dem Programm „Wetter und Klima" erreicht werden.

Ergebnisse

Negativ fiel auf:

- Die Tests sind nicht optimal auf das Programm abgestimmt (Lösen mit dem Programm, wie angekündigt, nur teilweise und bedingt möglich).
- Fehlende Vernetzung der Programmpunkte: die Programmstruktur ist linear, Hyperlinks existieren nicht und damit fehlt auch ein Glossar bzw. Wörterbuch.
- Suchhilfe nicht optimal konfiguriert.
- Fehlende Druck- und Exportfunktion (Zumindest in der vorliegenden Version!)

Positiv ist zu vermerken:

- Gutes, selbsterklärendes Handling, auch Computeranfänger haben keine Probleme, schnell mit dem Programm zurechtzukommen
- Transparente Programmstruktur, übersichtliche Gliederung
- Kein „Überladen" mit Multimediaeffekten, Simulationen einfach und klar
- Hohe Informationstiefe bei einfacher und klarer Sprache; Textanteil nicht zu hoch
- Interessante und motivierende Gestaltung: Förderung des interaktiven, sich selbst regulierenden Lernens durch vielfältige Anregungen und Fragen

Fazit: „Wetter und Klima" ist kein „Selbstlernprogramm", sondern ein didaktisch anspruchsvolles Multimedia-Lernprogramm, das, so es unterrichtlich konsequent eingebunden wird, ab der Klasse 9 erfolgreich im Unterricht einzusetzen ist. Zu dieser unterrichtlichen Einbindung gehört auch die Einbeziehung des Programms in die häusliche Vor- und Nachbereitung der Schülerinnen und Schüler.

3. Folgerungen

Negativ:

Technische Probleme gab es mit beiden Programmen – 1996 war das Hauptproblem die Programminstabilität, 1999 die Qualitätseinbußen im Netzwerkbetrieb. Leider ist der Einsatz von Computerprogrammen im Unterricht in der Regel immer noch mit zu hohem Aufwand verbunden, computertechnische Spezialkenntnisse sind weiterhin erforderlich.

Der Multimedia-Aspekt im Unterricht wirkt eher störend (Sound-Problem): bei 10 Geräten im Raum entsteht bei Multimedia-anwendungen ein unzumutbares Geräuschchaos; die Verwendung von Kopfhörern löst zwar dieses Problem, schafft aber ein neues: Kopfhörer sind anti-kommunikativ. Gerade bei der Computernutzung wollen (und sollen) sich Schülerinnen und Schüler intensiv austauschen – Kopfhörer stören da nur.

„Selbstlernen" im Sinne des völlig eigenständigen, aus dem Unterrichtszusammenhang herausgelösten Lernens ermöglichen die Programme jedoch nicht.

Positiv:

Beide Computer-Lernprogramme ermöglichen durch eine differenzierte Lerngeschwindigkeit individuelle Schwerpunktbildungen der Schülerinnen und Schüler je nach Interesse und Begabung; sie sind didaktisch aufbereitet und enthalten integrierte Tests, die von Schülerinnen und Schülern gerne selbständig zur Lernerfolgskontrolle herangezogen werden.

Die im Themenbereich von Klima und Wetter recht häufigen abstrakten physikalisch-chemischen Prozesse werden durch Simulationen gut veranschaulicht.

Beide Programme motivieren Schülerinnen und Schüler sowohl durch die spezifische Lernumgebung und -atmosphäre, die sie schaffen als auch durch die erhöhte Selbständigkeit und Eigenverantwortung, die sie von ihren Benutzern fordern – allerdings unter der oben genannten Einschränkung. Dennoch ist evident, dass sie das interaktive und selbständige (handlungsorientierte) Lernen fördern.

Fazit:

Kognitiv-vernetztes (assoziatives) Lernen wird eher gefördert, kognitiv-lineares Lernen eher behindert; daraus resultieren einige ganz praktische Folgerungen:

- Die Einbindung des Computerprogramms in den Unterricht bleibt notwendig, ebenso die Ergänzung durch klassische Medien (Buch).
- Computereinsatz und Frontalunterricht sind inkompatibel = die Gruppenarbeit ist die angemessene Unterrichtsform.
- Die wachsende Komplexität der Programme behindert eher die unterrichtliche Verwendung, fördert jedoch:
- Neue Lernformen: Kombination von häuslicher Programm-Vorbereitung und dem entsprechenden Einsatz in der Schule.

Anlagen:

1.   Strahlungshaushalt

1.1.   Wie setzt sich die kurzwellige Einstrahlung zusammen?

1.2.   Woraus ergibt sich die langwellige Ausstrahlung?

1.3.   Erläutere die Albedo und ihre Bedeutung für den Strahlungs-
         haushalt

1.4.   Erkläre die Entstehung der Jahreszeiten in den gemäßigten
         Breiten und die Ursache für das Fehlen der Jahreszeiten in
         den Tropen!

1.5.   Der Strahlungshaushalt der inneren Tropen ist niedriger
         als der Strahlungshaushalt der Randtropen. Erkläre!

1.6.   Großräumige Windsysteme wirken ausgleichend auf die
         unterschiedlichen Energiehaushalte der Tropen, der mitt-
         leren Breiten und Polarzonen. Erläutere dies näher für die
         Nordhalbkugel!

1.7.   Der natürliche Treibhauseffekt ist eine entscheidende Vor-
         aussetzung für das Leben auf der Erde. Erkläre!

2.   Wolken und Niederschlag

2.1.   Beschreibe, wie Steigungsregen und Föhn entstehen!

2.2.   Wie kann „latente Wärme" über weite Entfernungen trans-
         portiert werden?

2.3.   Beschreibe die Ursachen für die Kondensation!

2.4.   Unterscheide den trocken- vom feuchtadiabatischen Tem-
         peraturgradienten und erkläre!

3.   Luftdruck und Wind

3.1.   Wie erklärt sich die Ausprägung von Druckgradienten in
         der Atmosphäre?

3.2.   Erkläre die Entstehung von Land- und Seewindsystemen

3.3.   Wie entsteht die Westwindzone auf der Nordhalbkugel und
         welche Funktion im planetarischen Wettergeschehen
         nimmt sie ein?

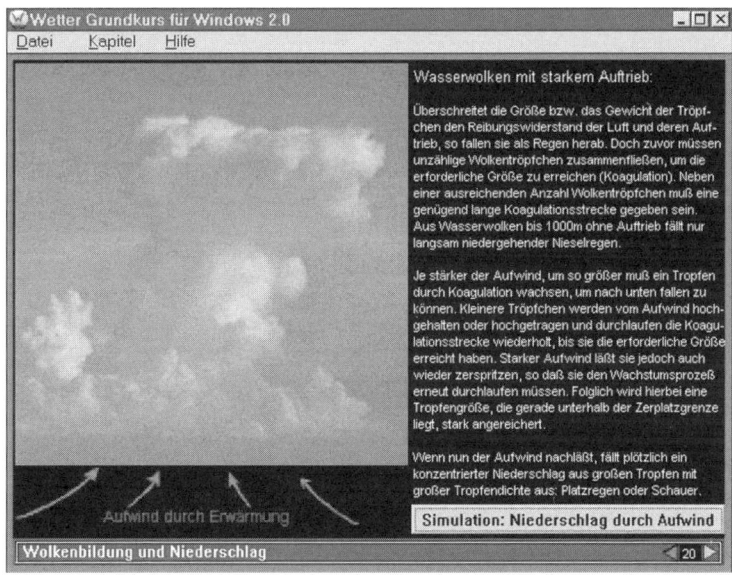

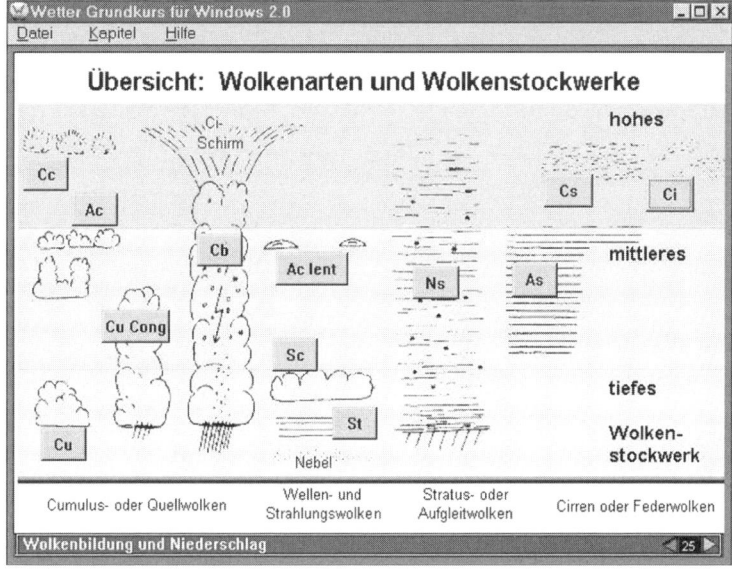

Abb. 1 und 2: Typische Arbeitsseiten aus „WetterGrundkurs"

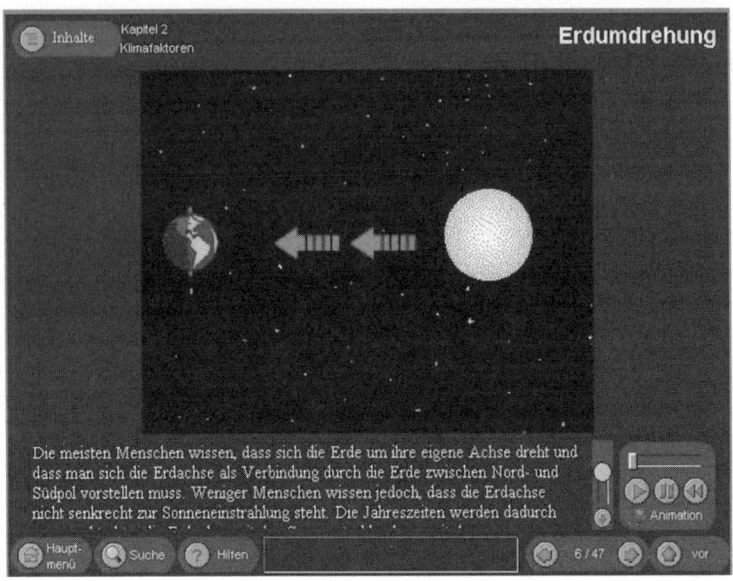

Abb. 3 und 4: Typische Arbeitsseiten aus „Wetter und Klima"

WOLFGANG DEHMER und ALFONS KOLLER

Computer und Internet in der Lehrerfortbildung Österreichs
Seminarmodule und Zugänge für Lehrer

1. Was spricht für den Einsatz von Computern, Multimediasoftware und Internet im Geographieunterricht?

Computer und Internet haben im letzten Jahrzehnt in viele Wohnungen und Büros Einzug gehalten. Viele unserer Kinder leben mit diesen Medien; sie sind für sie ein selbstverständlicher Teil ihrer **Freizeitwelt** geworden. In unbekümmerter und explorativer Weise nutzen sie CDs, spielen, „chatten" (d.h. tratschen via Internet), hören Musik oder „surfen" durch das weltweite Computernetz.

Neben dem **Reiz des Neuen, der allerdings nur kurzfristig anhalten** wird, ist es vor allem der Drang, Unentdecktes zu erforschen, die Faszination des weltweiten Handelns, die scheinbare Erfüllung ungeahnter Möglichkeiten und das Agieren in offensichtlich kontrollierbaren Systemen, was zur Beschäftigung anregt. In diesem Sinne stellt sich für manche Schüler überhaupt nicht die Frage, ob sie sich dieses Werkzeuges bedienen sollen. Es wird für sie zunehmend zur **Selbstverständlichkeit**.

Auf den Geographieunterricht bezogen, eröffnet sich mit Computern, Multimediasoftware und Internet eine Fülle von **aktuellen, bildhaften, jederzeit und allerorts verfügbaren** Informationen. Wettermeldungen und Satellitenbilder stehen just-in-time zur Verfügung. Augenzeugenberichte und Fotos werden ins Klassenzimmer geliefert. Interviews, Musik und Videos geben einen **multimedialen** Eindruck. Sie dienen der Veranschaulichung von Lerninhalten und verlegen den methodischen Schwerpunkt hin zu **schüler- und handlungsorientiertem** Arbeiten. Trainingsprogramme und selbst gesteuertes Arbeiten ermöglicht auch verstärkt individuelles Lernen in Kleingruppen. Auch eine neue Form der Regionalen Geographie wird erreicht; via Computer und Internet stehen Geoinformationen weltweit in großen Maßstäben zur Verfügung. Je nach Interessenslage und Arbeitsauftrag kann eine vertiefte Auseinandersetzung erfolgen.

Der Kern des Lernens und Lehrens muss aber in der **Informati-**

onsverarbeitung liegen; er darf **nicht** von **Informationssuche**, von peripheren Details und technischen Problemen verdrängt werden. Wie ertragreich, wie effizient, wie interessant die jeweilige Unterrichtseinheit ist, hängt damit wesentlich von Faktoren ab, die außerhalb eines technischen Idealzustandes liegen. In den beiden abschließenden Kapiteln wird darauf besonders eingegangen.

Wie viele unserer Schüler diese neuen Medien nutzen, so öffnen sich (zumindest in Österreich) auch in zunehmenden Maße Lehrerinnen und Lehrer dieser Herausforderung. Es ist ihre Aufgabe computer- und internetunterstütztes, multimediales Arbeiten in das Fach Geographie zu integrieren, die vielfältigen Einsatzmöglichkeiten zu erkennen, auf ihre Klassen- und **Unterrichtssituation abzustimmen** und durchzuführen. Dabei muss Sinnvolles von Weniger-Sinnhaftem getrennt und ein Bewusstsein der Gefahren und Probleme geschaffen werden. Notwendige Voraussetzung hiefür ist, dass der Lehrende dazu auch die Möglichkeit erhält.

2. Zugänge für Lehrer

2.1 Österreichweite Fortbildungsseminare

Seit 1993 findet jährlich in der Woche nach Ostern eine österreichweite Fortbildung für Gymnasiallehrer in Salzburg statt. Diese wird vom ortsansässigen Institut für Geographie und angewandte Geoinformatik, dem lokalen Lehrerfortbildungsinstitut (Pädagogischen Institut) und dem österreichischen Unterrichtsministerium organisiert und finanziert. Das Programm steht immer unter einem Generalthema (so z.B. im Jahr 2000: „CD und Internet: Didaktik, Evaluation, Geoinformation"). Das Seminar wechselt methodisch zwischen Vortrags- und Übungsphasen in Verbindung mit Postersitzungen, Workshops, Plenums- und Podiumsdiskussionen.

Neben einer regelmäßigen Auseinandersetzung mit den Neuerscheinungen auf dem Gebiet der Unterrichtssoftware des letzten Jahres spannt sich der Bogen des Programms über folgende Themen, bei denen neben der fachlichen Fortbildung auch fachdidaktische und schulpraktische Fragen im Mittelpunkt stehen:

- Geographische Informationsverarbeitung in Wissenschaft und Praxis
- Übungen mit ArcView, Maps für Windows, Aktuelle Österreichkarte, PC-Austria
- Geoinformation im Internet, Online-Atlanten, Online-Geographie, Global-Positioning-System

- „Weltbilder": Die digitale Welt in der angewandten Geographie, Raumkonzepte in der Geographie, Mensch- und Weltbilder im Internet
- Computerspiele und Simulationen im Geographieunterricht
- Unterrichtssoftware zur Kartographie und Topographie
- Satellitenbilder und Bildverarbeitung mit Idrisi, Satellitenbildatlanten
- Internetdienste für Geographie-Lehrer (Web: http://gw.eduhi.at und E-Mail/Maillisten)
- Weiterverarbeitung von Information aus dem Internet, Gestalten von Web-Seiten
- Workshop mit Unterrichtssoftware, Präsentation von Unterrichtsbeipielen
- Didaktik des computerunterstützten Unterrichts

2.2   Regionale Fortbildungsseminare

In den regionalen Fortbildungsveranstaltungen auf Landesebene (für Gymnasial- und Hauptschullehrer sowie für Lehrer an berufsbildenden Schulen) und Bezirks-/Kreisebene (für Hauptschullehrer) wird der Schwerpunkt auf den schulpraktischen Einsatz von Unterrichtssoftware und Internet gelegt. In diesem Sinne dominieren angeleitete Übungsphasen, in denen sich die Lehrer ihre persönliche Meinung über das jeweilige Produkt bilden sowie die Handhabung der Software üben können. Fachdidaktische Tipps und Berichte über erfolgreiche Unterrichtseinsätze ergänzen dieses Programm.

Seit 1991 fanden Seminare dieser Art auf Initiative der Leiter der regionalen geographischen Arbeitsgemeinschaften in den Bundesländern Ober- und Niederösterreich, Tirol und Vorarlberg regelmäßig statt, finanziell getragen von den jeweiligen Pädagogischen Instituten, die in Österreich für Lehrerfortbildung verantwortlich sind.

Im Bundesland Oberösterreich wurde anfangs eine Grundausbildung der Lehrer sicher gestellt (Windows, Textverarbeitung, Tabellenkalkulation, Standard-Geographie-Unterrichtssoftware). Darauf aufbauend wurden thematische Schwerpunkte gesetzt (Bevölkerungs- und Klimageographie sowie Kartographie). Seit 1998 wird der Schwerpunkt durch das EU-Projekt „HERODOT – Using the Web in Teaching Geography" auf die verschiedenen Nutzungsmöglichkeiten des Internets gelegt (Lesen von Information, Speichern von Texten und Bildern, Erstellen von Arbeitsblättern, Präsentieren von

Schulprojekten im Internet, Nutzung von Online-Geoinformationen / Web-Atlanten, Kommunikation zwischen Lehrern via E-Mail, Technischer Hintergrund und Risken des Internets, Didaktische Aspekte eines Interneteinsatzes). Gestützt durch Mittel der Europäischen Union (Sokrates-Programm / Open-and-Distance-Learning-Minerva) können nun pro Jahr 12 Lehrerfortbildungsveranstaltungen in Österreich sowie einen ähnliche Zahl in Spanien und im Vereinigten Königreich abgehalten werden.

Als Referenten sind im deutschsprachigen Raum LUDWIG HANSEN, WOLFGANG SITTE, JOSEF STROBL, ELKE WÖß sowie WOLFGANG DEHMER und ALFONS KOLLER zu nennen.

2.3   Fachspezifische Medien

In der quartalsmäßig erscheinenden Zeitschrift GW-Unterricht – gesponsert von der Bank Austria – wird seit 1990 regelmäßig über GW (Geographie und Wirtschftskunde) und Informatik berichtet. KURT TRINKO verfasst präzise Softwarebeschreibungen, CHRISTIAN SITTE verweist im Zeitschriftenspiegel und im Bereich Unterrichtsmaterial auf viele Internetseiten und das Zentrum für Innovative Pädagogik an der diözesanen Akademie in Linz (ELKE WÖß, MARIA ASTLEITHER, ALFONS KOLLER) erarbeitet computerunterstützte Unterrichtsbeispiele und evaluiert Unterrichtssoftware. Auf diesem Wege werden auch Neuigkeiten des internationalen Projektes HERODOT publiziert. (Die HERODOT-CD lag der gesamten Ausgabe Dezember 1999 in einer Auflage von 6500 Stück bei).

Weiters erscheinen in GW-Unterricht – vergleichbar den bundesdeutschen Zeitschriften – in unregelmäßigen Abständen ausführliche Artikel zu Themen des computerunterstützten Unterrichts und des Interneteinsatzes.

Auch in den Wissenschaftliche Nachrichten, herausgegeben vom österreichischen Unterrichtsministerium, werden Softwareprodukte, speziell CD-Roms, von Wolfgang Sitte beschrieben.

2.4   Allgemeine öffentliche Medien

Parallel zu den fachspezifischen Medien wird auch durch Presseaussendungen, Pressekonferenzen, TV- und Zeitungsberichterstattung die Öffentlichkeit über Innovationen in diesem Bereich informiert. Diese Kanäle werden durch private Kontakte, „wichtige" Persönlichkeiten des Bildungswesens (z.B. Landesschulratspräsident) und Pressestellen (der Diözese) eröffnet. Diese Berichterstattung unterstreicht die Bedeutung der neuen Medien im Geographie-Unterricht im Besonderen und stellt damit eine zweite Informationsschiene für Lehrer dar.

2.5 Schul- und Bildungsmessen, Geographentage, European School Network

Die Präsenz an Schul- und Bildungsmessen (z. B. Interpädagogika, Dt. Schulgeographentag) bietet Informationsmöglichkeiten für ein regional breit gestreutes Publikum. In persönlichen Gesprächen am Ausstellungsstand und in plenaren Präsentationen von Unterrichtsbeispielen können die neuen Ziele und Methoden dargestellt werden. Auch für den deutschen Schulgeographentag in Wien (23. – 28. September 2002) ist ein Workshop vorgesehen.

Kontakte über das europäische Schulnetz (http://www.de.eun.org) eröffnen die Möglichkeit zu internationaler Kooperation und zu sprachen- sowie fachübergreifender Arbeit.

2.6 Arbeitsgemeinschaft Geographie

Wurde schon bei den Fortbildungsseminaren die Bedeutung der regionalen Arbeitsgemeinschaften hervorgehoben, so können diese auch wichtige Multiplikatoren dieser Ideen sein. Eigeninitiative, Innovationsfreudigkeit und Offenheit gegenüber neuen Technologien sind seitens der Arbeitsgemeinschaftsleiter allerdings notwendige Voraussetzungen.

2.7 Geographie-Homepage im Internet

In dem Maß, mit dem Schulen und Lehrer auch Zugang zum Internet haben, steigt auch die Chance, die digitalen Medien selbst zur Verbreitung zu nutzen. Das EU-Projekt „HERODOT – Using the Web in Teaching Geography" entwickelte eine Plattform für den Geographieunterricht und legte Standards fest (http://geo.eduhi.at). Damit wird eine effiziente Suche nach Informationen im Internet möglich und die Publikation von qualitativ hochwertigem Material erleichtert. Die deutschsprachigen Seiten sind unter der Adresse http://gw.eduhi.at („Geographie und Wirtschaftskunde am Education Highway in Österreich") erreichbar. Sie sind weltweit jederzeit kostenlos abrufbar; unabhängig vom Staat, von der Nähe zu zentralen Orten, von Öffnungszeiten, etc.

2.8 E-Mail-Listen und E-Mail-Hotline

Elektronische Kommunikation bietet auch für Lehrer neue Möglichkeiten. Sie ist nicht nur kostengünstig und von gemeinsamen Arbeitszeiten unabhängig. Fachspezifische Informationen erreichen auch ohne Umwege den interessierten Lehrer. Kontakte werden über regionale Grenzen hinweg geknüpft. In Diskussionsforen werden Fragen gestellt und beantwortet.

In diesem Sinne wird im Rahmen des EU-Projektes HERODOT allen Leitern von Geographie-Arbeitsgemeinschaften die Möglichkeit geboten, eine E-Mail gleichzeitig an alle Lehrer eines bestimmten Schultyps oder einer bestimmten Region zu versenden (E-Mail-Listen). Auf diesem Wege können Umfragen gestartet und Informationen kurzfristig verbreitet werden.

Weiters besteht für die Projektdauer auch eine eigene Hotline (zip@padl.ac.at), an welche fachspezifische Fragen bezüglich Unterrichtssoftware und Internet gestellt und binnen 24 Stunden gratis beantwortet werden.

3. Module für Lehrerfortbildung

3.1 Unterrichtssoftware

In einem eintägigen Basiskurs erhalten Lehrer die Möglichkeit, ausgewählte Unterrichtssoftware zu testen, die erweiterten Möglichkeiten kennen zu lernen, didaktische und schulpraktische Fragen zu diskutieren und sich damit eine eigene Meinung zu bilden.

Eine laufend aktualisierte Liste von Unterrichtssoftware, die auch Information über Hardwarevoraussetzung, Autoren und Kosten gibt, ist auf der Geographie-Homepage http://gw.eduhi.at/ softlist. htm zu finden. Für die Lehrerfortbildung wird in jedem Themenbereich mindestens ein Programm ausgewählt, mit diesem praktisch gearbeitet und dessen Unterrichtseinsatz diskutiert. Hinweise auf andere Programme dieses Themenbereichs werden je nach verfügbarer Zeit gegeben.

Vorgeschlagene Programmauswahl (Dez. 1999):

Klimageographie	Klima für Windows, GeoClock, Klima und Wetter, Wetter- und Klimawerte, Satellitenbilder und Wetterkarten aus dem Internet
Bevölkerungsgeographie	Demographie für Windows, Demographics '96
Topographie	Wega-Programme, WinWelt, Interaktiv durch Österreich, Punktgenau, Runde Sache Atlasarbeit, Diercke Arbeitskarten
Kartographie	Greenwich, Digitale topographische Karten, Der Berg ruft, Maps für Windows, Encarta Atlas, Geothek, Satellitenbildatlas
Ökologie	Die Alpen, Phänomene der Erde, Golfstrom und Vegetation, Hunger in Afrika, DosDorf
Wirtschaftserziehung	SimCash2000, Electropolis, Standort City, Stadtplanung Karberg

Ablauf der Softwarepräsentationen:

1. Vorstellen der Grundidee des Programms und des primären Lehrziels
2. Übungsphase zum Kennenlernen und selbstständigen Testen
3. Hinweise auf weitere Programmfunktionen
4. Methodik und Tipps zum Unterrichtseinsatz sowie didaktische Analyse
5. Weitere Programmangebote aus diesem Themenbereich

Neben der praktischen Arbeit in Kleingruppen an PCs erhalten die Lehrer auch in einem allgemeinen fachdidaktischen Teil grundsätzliche Informationen. Details sind unter http://www.padl.ac.at/zip/didaktik/gwcomp.htm nachzulesen.

3.2 Grundlagen des Interneteinsatzes

Ein Internet-Grundlagenseminar wurde von den HERODOT-Projektpartnern ausgearbeitet, das für eine Dauer von zwei Tagen konzipiert ist, aber auch eintägig oder halbtägig Einblicke geben kann.

Thema 1: Web – World Wide Web (WWW)

1. Kurze Einführung in Aufbau und schulspezifische Angebote der Geographie-Homepage gw.eduhi.at („Geographie und Web am Education Highway in Österreich") sowie in die Bedienung eines „Browsers", mit dem Internetseiten gelesen werden können.
2. Übungsphase „Lesen und Speichern von Informationen aus dem Internet" anhand eines Arbeitsblattes. (Vergleiche http://www.padl.ac.at/zip/termine/ab1019.doc)
3. Detaillierter Überblick über Struktur, Inhalte und Aktualität der Geographie-Homepage
4. Weiterverarbeiten der Information zu einem Schülerarbeitsblatt mit der Standardtextverarbeitung (Texte und Bilder aus dem Internet, Fragen und Antworten)
5. Didaktische Analyse der möglichen Unterrichtsformen von internetunterstützter Arbeit
6. Technische Hintergründe zum Internet und zum Web-Dienstes
7. Einladung zur Weitergabe von Unterrichtsmaterial
8. Ausblick: Zugang zu Geoinformationen über das Web (Internetatlanten, GIS und Web)

Thema 2: E-Mail und Mailing-Listen

1. Prozess des Schreibens, Versendens, Empfangens und Lesens einer E-Mail (im Vergleich zur traditionellen Post)
2. Übungsphase „Senden und Lesen von E-Mails" mit den Testadressen win##@mail.petrinum.ac.at
3. Fortgeschrittene Nutzung von E-Mails (Attachments, E-Maillisten)
4. Diskussion: Gefahren und Risken von E-Mails, Notwendigkeit der Auseinandersetzung mit E-Mails in der Schule
5. Ausblick: E-Maillisten zur Kommunikation zwischen Lehrern und innerhalb von Geographie-Arbeitsgemeinschaften

Im Rahmen dieses Seminars sollen die Teilnehmer die Scheu verlieren, den Computer und das Internet für ihre Arbeit zu verwenden. Sie sollen Routine in der Bedienung, Erfahrungen und Hintergrundwissen für die Behebung von Fehlern, Kenntnis von den Risken und eine kritische Distanz vor einer didaktischen Überbewertung erhalten. Eine Liste wesentlicher technischer Begiffe steht zur Verfügung (http://geo.eduhi.at/herodot/report1/training.htm). Glossare sind im Internet vielerorts zu finden (z. B. http://www. de.eun.org/menu/training/ictg-set.html)

Im Schuljahr 1998 / 99 fanden in Österreich insgesamt zwölf dieser Seminare statt, in etwa die gleiche Zahl ist für 1999 / 2000 geplant. Auch in Spanien und im Vereinigten Königreich wurden Lehrer diesbezüglich ausgebildet.

Wenn nach Abschluss der Seminare Fragen auftreten, haben die Teilnehmer die Möglichkeit, sich via E-Mail an eine Hotline (zip@padl.ac.at) zu wenden, die im Rahmen des HERODOT-Projektes am Zentrum für Innovative Pädagogik der Pädagogischen Akademie der Diözese Linz betrieben wird.

3.3 Gestalten von Web-Seiten

Ein weiterer Seminartyp wurde für die Gestaltung von Web-Seiten entwickelt. In ihm lernen die Teilnehmer eine Textverarbeitung zur Gestaltung von Internetseiten (einen „Web-Editor" wie Frontpage oder Dreamweaver) kennen. Sie erhalten damit auch vertiefende Kenntnisse über den Standard von Web-Seiten (Layout, Navigation, Urheberrecht, Zitierweise, etc.)

Ablauf und Themen:
1. Die GW-Homepage gw.eduhi.at als Ausgangspunkt für Informationen im Internet
2. Speichern von Bildern und Texten aus dem Internet
3. Digitale Fotografie und Bearbeitung von Bildern
4. Gestalten von Arbeitsblättern und elektronischen Büchern mit Hilfe eines Web-Editors
5. Herodot-Standard von elektronischen Büchern für den Geographie-Unterricht
6. Präsentation der Ergebnisse im Plenum und Veröffentlichung im Internet

Der Schwerpunkt liegt bei diesem Seminar in der praktischen Arbeit der Teilnehmer. Sie sollen selbst Seiten gestalten, sodass sie später ein Arbeitsblatt formulieren, ein Unterrichtsprojekt im Web präsentieren und an der Schulhomepage im Internet mitwirken können.

4. Wie kann eine Überbewertung des Mediums vermieden werden?

Eine Überbewertung von Computern, Multimediasoftware und Internet kann bei Kindern (speziell Schülern) und Erwachsenen (speziell bei den Eltern der Schüler) in zweifacher Weise entstehen:

4.1 Überbewertung bei Kindern/Schülern

Schüler werden zum „Schöpfer". Sie bauen mit diesem technischen Instrumentarium eine virtuelle Welt auf, in der sie nach eigenem Belieben nahezu uneingeschränkt agieren können. Sie gestalten eine eigene „Homepage" (Internet/Web-Seite), steuern ein Flugzeug bei der Landung auf einem Flughafen, geben sich in „Chats" (d.i. eine Form des „Tratschens" via Internet) und Online-Spielen (vergleichbar Adventure-Games am lokalen PC) eine eigene Identität (Alter, Namen, Geschlecht, Geschwister, Hobbies, Wohnort sind frei wählbar.). Stürzt der Computer ab, misslingt die Landung, bricht

In: Datenmühle. Karikaturen um den Computer. Rosenheimer Verlagshaus Alfred Förg GmbH&Co.KG, Rosenheim,1991

Abb. 1:   Karikatur

der andere den Chat ab, so ist ein Neubeginn ohne weiteres möglich. Die Handlungen werden damit beliebig wiederholbar!

Die Schüler lernen dabei auch eine spezielle Form der Globalisierung kennen; sie können weltweit agieren: Binnen Sekunden erreicht eine Mail ihren Empfänger, unabhängig von der metrischen Entfernung. Ein Mausklick oder ein Tastendruck zeigt eine Reaktion am Bildschirm des Mitspielers, egal wo sich dieser befindet. Sie sammeln die Bestandteile ihrer Homepage gratis von Computern („Web-Servern"), deren Standort oftmals auch nicht genau feststellbar ist.

Durch die permanente Steigerung der Rechnerleistung und die Softwareentwicklung wird das „Bild am Monitor" der realen Welt täuschend ähnlich. In absehbarer Zeit stehen uns auch in zivilen Anwendungen virtuelle Landoberflächen zur Verfügung, die auf Geländemodellen, Luft- und Satellitenbildern in 1m-Auflösung aufbauen. Spezielle Aufnahmeverfahren ermöglichen es, dass auch Objekte wie Gebäude und Bäume naturgetreu dreidimensional dargestellt werden können. Internet/Web-Kameras fangen zusätzlich die aktuelle Situation ein. Mit der Software kann sich der Bediener nun durch diese Landschaft frei bewegen, verschiedene Standorte aufsuchen und unterschiedliche Ansichten betrachten.

Würde man dieses „Handeln" in die reale Welt der Schüler/Kinder direkt übertragen, so müssen sie scheitern. Das Leben ist deutlich komplizierter, die Anzahl der „Mitspieler" ist bedeutend größer, der eigene Aktionsradius ist stark eingeschränkt. Sie müssen die „Grauschattierungen" des Alltags, das schrittweise Entwickeln, das Bemühen um einen Fortschritt und die Grenzen, die einem die „Um-Welt70" setzt, erkennen.

Es ist deshalb Aufgabe der Lehrer (natürlich auch der Eltern bzw. der Erziehungsberechtigten) die reale Welt in der Schule vor Augen zu führen: Sei es durch originale Begegnungen bei Exkursionen, Lehrausgänge und Betriebsbesichtigungen, sei es durch Erfahrungsberichte aus der Welt der Erwachsenen. Auch das soziale Handeln in der Klassengemeinschaft, in der Familie, im Freundeskreis bis hin zur Gesellschaft in staatlicher, europäischer und weltweiter Dimension muss zum Thema der Schule werden.

Aber auch die Erfahrungsberichte der Schüler aus der virtuelle Welt sollten in der Schule Platz finden, ihre persönlichen Bewertungen müssen gehört, mit jenen der Klassenkollegen und der Lehrer verglichen sowie nach ethisch-religiösen Vorstellungen bewertet werden. Hier stellt sich den Lehrern eine wichtige und umfassende Aufgabe, welche an die Persönlichkeit und das eigene Verständnis des „Lehrer-Seins" hohe Anforderungen stellt.

4.2 Überbewertung bei Erwachsenen/Eltern:

Computer, Multimediasoftware und Internet stellen heute für große Teile der Bevölkerung eine junge Größe dar, die sie aus ihrer Schulzeit nicht kennen. Sie sind verblüfft von den ungeahnten Möglichkeiten und der Schnelligkeit, mit der sich diese Medien im letzten Jahrzehnt im beruflichen und familiären Alltag etabliert haben. Dadurch ergibt sich eine gewisse Verunsicherung. Diese verstärkt sich, wenn man beobachtet, wie leicht Kinder den Umgang damit erlernen. In dieser Situation ordnen viele Erwachsene den neuen Medien gleichsam mystische Züge zu.

Damit ihr eigenes Kind nichts versäumt, legen die Eltern auf EDV- bzw. Informatikunterricht Wert und beziehen Ausstattung

In: Hilfe ... die Computer kommen! Verlag Hölder-Pichler-Tempsky (Hrsg.), Wien, 1990

Abb. 2: Karikatur

und Qualität dieses Unterrichts in die Bewertung einer Schule mit ein. Sie können und wollen sich dem Begehren der Kindern nach Computern und Internetzugang zuhause nur begrenzt widersetzen, wenn sie sich Ausstattung und laufende Kosten leisten können.

Es klingt also verständlich, wenn Eltern für ihr Kind die Voraussetzungen zuhause schaffen oder den sinnvollen Einsatz in der Schule urgieren. Die eigene Überbewertung kann aber nur dann ins Lot gerückt werden, wenn sich Erwachsene damit persönlich auseinandersetzen, wenn sie selbst versuchen einen Brief zu schreiben, Information über einen Urlaubsort im Internet finden oder Verwandten in einem anderen Kontinent eine E-Mail zu schicken. Sehr schnell erkennen sie, dass vieles durch Übung erreichbar ist, dass mancher Glanz täuscht und oftmals auf traditionellem Weg die Lösung schneller gefunden wird.

4.3   Reelle Bewertung in der Schule

In vielen Fällen reduziert die Schulrealität überbewertete Vorstellungen auf ein vernünftiges Maß. Technische Rahmenbedingungen geben den Ausschlag (Verfügbarkeit von Computern, Geschwindigkeit/Alter der Computer, Kosten des Internetzugangs und der Erneuerungsinvestitionen, Aufwand von sinnvollen Multimediainstallationen). In einem Unterricht, der auf verschiedene Sinne Wert legt, in dem methodische Vielfalt praktiziert wird und der die Schüler in ihren sozialen Situationen berücksichtigt, werden Computer, Multimediasoftware und Internet die ihnen zustehende Rolle spielen. Sie sind nur Hilfsmittel wie die anderen Medien, wie Tafel, Heft, Atlas, Overhead-projektor, etc.

5.   Das Verhältnis Lehrer und Multimedia

Wie das papierlose Büro ein Traum blieb, so wird die Übernahme der Lehrerarbeit durch Computer ein (Alp-)Traum bleiben. Helfendes Einschreiten, unterstützendes Fragen, maßvolles Bewerten und situationsbezogenes Handeln sind menschliche Tätigkeiten, die von einer Maschine (Computer) kaum durchführbar sind, im Falle der Programmierung nur für einen Einzelfall möglich sind und gigantische Kosten verursachen. In diesem Sinne werden Lehrer und Schüler immer die steuernden Subjekte in einem guten Unterricht bleiben.

Bei einem Naheverhältnis von Schul- und Alltagswelt wird es aber notwendig sein, dass alle Lehrer lernen, mit Computern und Internet umzugehen sowie eigene Multimedia-Erfahrungen zu machen. Dies gilt sowohl für die Lehrerausbildung als auch für die berufsbegleitende Fortbildung. Lehrer können es sich nicht leisten, computermäßige Analphabeten zu bleiben, wenn ihre Schüler des „Schreibens und Lesens", der Informationstechniken des 21. Jahrhunderts, schon kundig sind.

Aus unserer langjährigen Erfahrung aus Österreich können wir bestätigen, dass viele Lehrer bereits sind, sich fortzubilden, in die neuen Medien hineinzuschnuppern; vor einem Unterrichtseinsatz schrecken sie allerdings oftmals zurück. Es fehlt die langjährige Erfahrung im computerunterstützten Unterricht, die Möglichkeit in der ‚geschützten‘ Atmosphäre der Kollegenschaft nach Lust und Laune zu testen, die helfende Hand eines Kustos oder Assistenzlehrers, der bei technischen Problemen weiterhilft.

Lehrer werden heutzutage nicht nur von den Informationstechnologien bedrängt; eine Vielzahl von anderen Forderungen strömt auf sie ein: Entwicklung von Schulprofilen, Aufbringung von Sponsorgeldern für die Schule, Intensivierung der Elternarbeit und der Teamarbeit mit Kollegen, Schwierigkeiten im sozialen Umgang der Schüler untereinander, Angriffe von Seiten der Öffentlichkeit, etc. Sie müssen selbst entscheiden, in welchen Bereichen sie ihre persönlichen Schwerpunkte setzen.

In: Datenmühle. Karikaturen um den Computer. Rosenheimer Verlagshaus Alfred Förg GmbH&Co.KG, Rosenheim, 1991

Abb. 3: Karikatur

Nichtsdestotrotz dürfen sich die Lehrer nicht zurückziehen. Sie müssen lernen, mit ihrer veränderten Rolle im Zeitalter der Informations- und Kommunikationstechnologie umzugehen. Multimediale Effekte verstärken Eindrücke, Computersimulationen und Computerkarten eröffnen eine neue Dimension der Veranschaulichung. Das Internet ermöglicht Aktualität, weltweite Reaktion bis hin zu einer möglichen Inter-

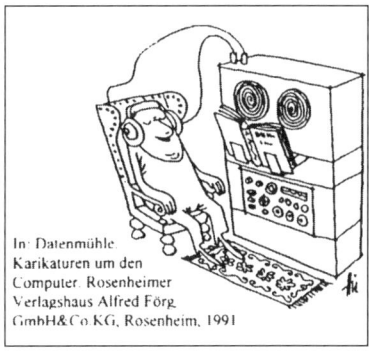

In: Datenmühle. Karikaturen um den Computer. Rosenheimer Verlagshaus Alfred Förg. GmbH&Co.KG, Rosenheim, 1991

Abb. 4: Karikatur

aktivität. Die Bedeutung des Lehrers als Trainer und Informant tritt zurück. Er kann sich auf die Steuerung des Unterrichts, auf Vergleich und ethischer Bewertung des Erarbeiteten und auf individuelle Ansprüche konzentrieren.

In steigendem Maße gewinnt damit auch das individuelle Lernen an Bedeutung: Lernen zuhause, am Heim-PC als Vorstufe des lebenslangen Lernens, das in unserer Gesellschafts- und Arbeitswelt heute nötig ist.

Helmut Schrettenbrunner

Statement zu den Konsequenzen multimedialer Software im Geographieunterricht

Die Pädagogik, speziell die Medienpädagogik, beschäftigt sich schon seit Jahren mit den Auswirkungen von Medien auf Schüler und Unterricht; anfänglich eher unter dem Gesichtspunkt, welche Effekte vor allen Dingen beim Fernsehkonsum auftreten, zunehmend auch mehr mit dem Computer und dem Internet.

„Mit der Faszination der Medien, ihrer Dramaturgie der Vielfalt, dem Abwechslungsreichtum, der Farbigkeit und Detailgenauigkeit ihrer Darstellungsformen, der Unverbindlichkeit und Belanglosigkeit der Angebote und der Offenheit subjektiver Aneignungsformen kann die Schule nicht mithalten. Sie darf auch gar nicht mit den Medien konkurrieren wollen. Ihre Aufgabe liegt ja nicht in der Informationsvermittlung oder Unterhaltung, sondern in der vertieften, gründlichen und kritischen Auseinandersetzung mit einer Sache, in einer systematischen Verarbeitung und Aneignung von Informationen. Um aber die Schüler dafür motivieren zu können, müssen sie die schulischen Aufgaben und Anforderungen an ihre medialen Erfahrungen, bildhaften Vorstellungen und Erlebnisse anschließen können. Die Schule muss an diese Erfahrungen der Schüler anknüpfen und ihre medialen Kompetenzen für die Lern- und Bildungsprozesse nutzbar machen." (Spanhel & Kleber 1996, S. 359)

Abb. 1: Multimedia früher und heute (Aus: Schulbuch aktuell 2/1995)

1. Neuerungen für den Geographieunterricht

1.1 Eine der wichtigsten Neuerungen im technischen Bereich des Geographieunterrichts besteht in der **Zusammenfassung unterschiedlicher Mediensammlungen,** die bisher auf verschiedenartige Techniken und Geräte verteilt waren. Die traditionelle Diasammlung (mit dem Diaprojektor und der Projektionsleinwand), die Sammlung von 8- oder auch noch 16-mm Filmen (mit den jeweils dazugehörenden Projektoren), die Videocassetten mit dem Videorecorder, ja selbst die Sammlung von Lexika, Atlanten und Wandkarten werden zusammengefasst und stehen meist in Form von CD-ROM zur Verfügung, die auf einem Gerät und meist nur mit einer Software vorgeführt werden können. Diese Zusammenlegung von verschiedensten Medien (oft zu einem thematischen Schwerpunkt) erleichtert die Verwendung in besonderem Maße und wird dazu beitragen, dass der Geographieunterricht noch mehr als bisher die verschiedensten Medien einbeziehen kann. Gewisse Qualitätsverluste sind jedoch nicht zu übersehen, wenn man z. B. die meist sehr hohe Druckqualität von (Altas-)Karten mit der geringerwertigen Darstellung auf dem Bildschirm vergleicht.

1.2 Wird jedoch durch die Addition verschiedener Medien schon in zusätzlicher Nutzen für den **Lernerfolg** zu erwarten sein? „Man macht uns glauben, dass die Lerneffizienz generell mit der Kombination unterschiedlicher Sinnesreize zunehme. ... In der modernen Lernforschung ist durchaus umstritten, ob die Informations-Präsentation in mehreren Sinnesmodalitäten wirklich immer effektiver ist als die Präsentation in einer einzigen Sinnesmodalität. ...Viel entscheidender als die Art der Präsentation und Anzahl der angesprochenen Sinne sind die Codes - also die verbale, bildliche und symbolische Darstellung der Instruktionsmethode." (SACHER 1997, S. 10) Weitere Ausführungen zu wissenschaftlichen Untersuchungen zur Thematik „Multicodierung" und „Multimodalität" im Lernprozess s. z. B. WEIDENMANN 1997, S. 68–73.

1.3 Das für die Geographie wichtige Prinzip der **Anschaulichkeit,** aber auch der Veranschaulichung von entfernten Orten wird durch die im World Wide Web eingestellten Foto- und Filmkameras (webcam) weiter ausgebaut. Die Kameras nehmen Orte und Lokalitäten auf, die z. T. für die Geographie wichtig sein können:

- Überblick über den Hafen (von Hamburg, von Hong Kong etc.), so dass Aussagen über den Schiffsverkehr oder das Wetter gemacht werden können,

- Blick auf Fremdenverkehrseinrichtungen (z. B. Seilbahnen, Skipisten), so dass die Nutzung nach ihrer Intensität beurteilt werden kann,
- Blick auf Großbaustellen (z. B. Potsdamer Platz, Flughafen Hong Kong), die über den Baufortschritt und das Ausmaß großer Veränderungen Auskunft geben,
- Blick auf Einkaufszonen und Straßenkreuzungen (z. T. Kameras zur Verkehrsüberwachung),
- Blick auf besondere, naturgeographische Ereignisse (Fotos bzw. Filme über Lawinenabgänge, Erdbeben, Vulkanausbrüche aktueller Art).
- Zusammenfassend lässt sich also festhalten, dass die Ferne (fast) zeitgleich beobachtet werden kann.

1.4 Eine weitere wichtige Neuerung, die schon seit der Einführung von Software für den Geographieunterricht gilt, stellt die **Simulation** dar, die es ermöglicht, Prozesse zu generieren und meist in stark vereinfachter und kontrollierbarer Form ablaufen zu lassen. Im naturgeographischen Bereich waren das früher Trickfilme, während im anthropogeographischen Bereich dergleichen gar nicht darzustellen war, ausgenommen die Ergebnisse von Prozessen, die als Modell gezeichnet werden konnten. Durch die Computersimulationen gelingt es nun, Vorgänge abzubilden, die das Verhalten von Gruppen (z. B. Bauern, Stämme, Planungsbeteiligte etc.) beschreiben und uns ermöglichen, über deren raumwirksame Verhaltensweise Aussagen zu machen. Im sozialwissenschaftlichen Bereich ist nur durch die Simulation ein „Experiment" möglich, ebenso bei naturgeographischen Großphänomenen (z. B. Erdbeben).

1.5 Im Verlaufe der Tagung wurde mehrfach darauf hingewiesen, dass die **Präsentation** von Schülerarbeiten, Gruppenarbeiten und dergleichen, durch moderne Medien professioneller gestaltet werden kann. Die dazu notwendigen Programme (z. B. POWERPOINT) sind so leicht zu bedienen, dass eine kurze Anleitung schon genügt, um anschließend eine technisch wie graphisch ansprechende Form zu erreichen. Die Ergebnisse können unmittelbar auf die Homepage der Schule gestellt werden und bedeuten eine weltweite Veröffentlichung, die für Schüler, Lehrer und Schule ein positives Image mitbringt. Man sollte sich schon vor Augen halten, welcher lange Weg der „Veröffentlichung" in der Entwicklung der Menschheit damit zu einem Endpunkt gekommen ist: Von der handschriftlichen Aufzeichnung durch Mönche und Gelehrte, über den Buchdruck und die Rotationspresse für die Masse der Bevölkerung, aber immer geschrieben von einem Verfasser, bearbeitet und technisch perfektioniert durch einen Verlag und ein Druckhaus, schließlich über die Fotokopiermaschine, die jedem Einzelnen erlaubt, seine Meinung zu vervielfältigen (und welche Angst haben die autoritären Regime vor den Kopierern, die ja von Dissidenten missbraucht werden könnten!) und letztlich zur Homepage jeder Schule, ja selbst jedes Schülers, die individuelle Meinung und Materialzusammenstellung enthält und einen Endpunkt der Demokratisierung der „Veröffentlichung" darstellt.

1.6 Die Präsentation von Arbeitsergebnisse einzelner Schüler, Arbeitsgruppen oder Klassen stellt auch einen **neuen Umgang mit Medien** dar. „Die Vielfalt der Medienangebote bietet auch für den Erziehungsbereich, vor allem für die Schule, hervorragende Möglichkeiten, die methodisch streng zielgerichtete Lernkontexte kreativ umzugestalten (z.B. durch Multimedia) und den Kindern Möglichkeiten zu einem spielerisch-produktiven Handeln zu geben, z.B. in Form praktischer Medienarbeit." (Spanhel 1997, S. 245)

1.7 Im Verlauf der Gothaer Gespräche 1999 sind durchaus unterschiedliche **Konzepte des Umgehens** mit Multimedia und der Einbeziehung in den Geographieunterricht vorgestellt worden, die von „lehrerzentriert" bis „Freiarbeit" reichten. Diese Varianten sind durchaus möglich und haben auch eine unterschiedliche Bedeutung, möglicherweise erlauben sie eine gestufte Aneignung der Technik durch den Lehrer, der bisher Frontalunterricht gewohnt war und eher geneigt ist, mit einem Demonstrationsgerät (mit Großprojektion) zu arbeiten, sozusagen in Fortführung des bisherigen Unterrichts mit Folien und Papierkopien. Bauer weist jedoch deutlich auf die Eigenschaften der neuen Technik hin: „Multimedia eignet sich aufgrund der dargelegten Eigenschaften überwiegend für das Lernen eines einzelnen Menschen. Das entscheidende Merkmal, die Möglichkeit der Interaktivität, verlangt die Reaktion und die Entscheidung des Individuums Schüler (in eingeschränkten Fällen vielleicht auch einer Gruppe). Der individuelle Lernweg, der Spaß und die Freude am entdeckenden Lernen – gerade in Hypermedia-Programmen –, die persönliche Lernvoraussetzungen und -erfahrungen, lassen ein „neues" Lernen und damit auch eine neue Schule zu." (Bauer 1997, S. 389)

Erfahrungsgemäß bringt jeder technologische Fortschritt zunächst einen methodischen Rückschritt bei Unterrichtsmaterialien mit sich. Ein Beispiel aus den 60er Jahren soll dies zunächst belegen.

Bei der Einführung der programmierten Instruktion wurde zunächst die lineare Abfolge bevorzugt, die überwiegend zu reinen Paukprogrammen geführt hat, die verbales Wissen zum Inhalt hatten. Die damals schon über 50 Jahre bestehende Tradition der deutschen Arbeitsschule wurde übersehen, die instrumentalen Lernziele der Geographie (eben nicht nur Verbalismus) wurden vergessen, so dominant war der Druck, der von der neuen Technik ausging.

Heute faszinieren die immer größer werdenden Speichermöglichkeiten (auf Festplatte und CD-ROM) so sehr, dass man glaubt, alle Bilder und Karten, alle Lexika und statistische Daten auf eine CD pressen zu müssen, die zu einer Thematik irgendwie passen. Dabei wird meist vergessen, dass alle Schulmaterialen bisher einen methodischen Ort, meist auch ein methodisches Vorgehen eingebaut hatten. Man hätte ja auch früher nie den Gedanken gehabt, einem Lehrer oder gar einem Schüler die 24-bändige Ausgabe des großen Brockhauses zur Unterrichtsgestaltung an die Hand zu geben!

In der gegenwärtigen Situation verführt also die technologische Entwicklung zum reinen Enzyklopädismus, den die Pädagogik schon im 19. Jahrhundert überwunden hatte. Viele der auf dem allgemeinen Markt angebotenen CDs sind häufig nur Ansammlungen von Bilder, Fotos und kleinen Filmen, die ohne Konzeption zusammengetragen wurden und den Lehrer vor große methodische Probleme stellen.

Der technologische Fortschritt: sehr vieles kann gespeichert werden, und der methodische Rückschritt: die unterrichtsnahe und ausgefeilte methodische Anordnung (der bisherigen Software) ist ins Hintertreffen geraten! Dabei sind dann essentielle Möglichkeiten der neuen Technik, nämlich die der Interaktivität und der Adaptivität ausgelassen worden (s. LEUTNER 1997).

3   Wie kommen Innovationen (für den Geographieunterricht) in die Schule?

Auch wenn die technologische Fortentwicklung durchaus ihre positiven Seiten hat, die gut für den Unterricht zu nutzen sind, bleibt eine Frage der Umsetzung all dieser Neuerungen offen. Läuft ge-

genwärtig die Entwicklung so schnell ab, dass die Lehrer nicht mehr Schritt halten können?

A. SEIDL hat in seiner Dissertation „Die Diffusion und Adoption von Software für den Erdkundeunterricht" untersucht, wie sich innovative Lehrer (bezogen auf die Einführung von Software in den Geographieunterricht) von anderen unterscheiden. Die Unterschiede sind markant und hochsignifikant.

• Innovatoren haben privat eine sehr gute Computerausstattung (moderner Prozessortyp des Geräts, hohe Qualität der installierten Software, zusätzlich und später installierte Software, die regelmäßig verwendet wird, hohe Speicherquantität der Festplatte),
• Innovatoren können ins Betriebssystem eingreifen und Hardwarekomponenten verändern,
• Innovatoren schätzen die Arbeit mit dem Computer (großes Interesse, die Arbeit und Erprobung von Software wird als anregend empfunden, der Einsatz im Geographieunterricht wird als interessant betrachtet).

Diese Eigenschaften, die als Faktor 1 „Kenntnisse, Motivation zum Computereinsatz und private Ausstattung" ermittelt wurden, belegen, dass eine erfolgreiche Diffusion im wesentlichen von der privaten Ausstattung und der positiven Einstellung des Lehrers abhängt. Oder anders ausgedrückt: Hat ein Lehrer keine gute Geräteausstattung (und keinen Internetanschluss) zu Hause, dann fehlt im auch die Möglichkeit, sich in aller Ruhe (wahrscheinlich am Abend und am Wochenende) die Software anzueignen und das Angebot im Internet zu sichten. Während seiner normalen Aufenthaltszeit in der Schule erreicht er dieses Ziel nicht.

Ein weiterer Faktor „Schulische Fortbildung und organisatorische Unterstützung" differenziert ebenso deutlich zwischen Innovatoren und anderen Personen.

• Innovatoren haben schon früh und häufig an Fortbildungsveranstaltungen zum Computer teilgenommen und schätzen die Effektivität der Veranstaltungen hoch ein,
• Innovatoren sind bereits früh und häufig als Referenten bei Fortbildungsveranstaltungen aufgetreten,
• Innovatoren erklären, dass ihre Schule gut mit Software ausgestattet ist und eine große Auswahl von Software für Geographie zur Verfügung hat, die das Arbeiten sinnvoll macht. (A. SEIDL 1998, S. 117–226)

Bei den beiden Faktoren mag man ohne Zweifel fragen, welche Reihenfolge wichtig ist:
Führt die positive Einstellung zur Technik auch zu einer guten privaten Ausstattung?
Hat die frühe Teilnahme an Fortbildungsveranstaltungen auch zu einer besseren Ausstattung der Schule geführt?
Haben Referenten in der Lehrerfortbildung auch mehr Einfluss auf die Auswahl von Software in der eigenen Schule?

Zusammenfassend lässt sich formulieren, dass die Beiträge des Gothaer Forums in diesem Band die Notwendigkeit für Fortbildung wiederholt formulieren, wobei allen Referenten die Schwierigkeiten bekannt sind, die komplizierte Technik mit sich bringt: Meist ist intensive und persönliche Betreuung eines Neulings notwendig, die eine Unterstützung im Schulalltag auf unkonventioneller und freundschaftlicher Basis benötigt (der abendliche Anruf bei einem Freund: Welche Einstellungen der Software ist unter der Bedingung XY nötig? Warum bekomme ich keinen Bildschirmausdruck?). Voraussetzung hierzu ist die private Ausstattung mit guten Geräten.

4 Die Lehrer als Träger der Innovation

Alle Beiträge in diesem Band unterstellen, dass die neuen Medien ihren Einzug in die Schule halten werden, ja zum Teil schon alltägliche Praxis sind. Es wird angenommen und gehofft, dass die Übernahme schon funktionieren wird, wenn die technischen Schwierigkeiten gemeistert sind. Möglicherweise sind aber noch viel fundamentalere Probleme zu berücksichtigen, an die man nicht zunächst denkt, weil die Technik den Blick versperrt hat auf Auswirkungen, die die Rolle des Lehrers so ganz nebenbei und eigentlich unbeabsichtigt verändern könnten.

• Die traditionelle Rolle des Lehrers schließt eine Zielgerichtetheit seines schulischen Tuns ein, die im wesentlich von den Lehrplanvorgaben, den Schulbuchvorlagen und der Notwendigkeit, Noten machen zu müssen ausgeht. Das Ziel, das Ergebnis und die geplante Schülerleistung liegen zu Beginn jeder Stunde fest. Bei explorativem Arbeiten, also beim Arbeiten im WWW, wenn oftmals das Ergebnis nicht vorab geklärt ist und die Leistungsermittlung in Frage gestellt sein kann, schwindet die lineare Rollenvorgabe des Lehrers dahin. Bei längerem Arbeiten mit dem Netz mag dies schon erhebliche Probleme mit sich bringen: Welcher Lernerfolg soll gemessen werden? Welcher feste Wissensbestand ist erreicht worden? Ist dieser lehrplankonform? Hat die Arbeit im Netz für das (zentrale) Abitur sinnvoll vorbereitet?

• Aus den technischen Anforderungen beim Arbeiten am Computer, sei es mit Software oder dem WWW, ergibt sich oft die Situation, dass einzelne Schüler (sicherlich nicht die Mehrheit aller) mehr technische Kompetenz als der Lehrer haben. Wie leicht ist dies vom Lehrer zu akzeptieren (und sinnvoll einzubeziehen), wenn er dadurch Kompetenz- und Imageverlust eizubüßen glaubt? Erleidet er dadurch in seiner Autorität und seinem Selbstverständnis eine Einschränkung, die er im Unterbewussten verdrängt? Oder ist eine „geringe technikfreundliche Haltung" bereits das Ergebnis einer solchen Verdrängung?

• Und schließlich ist auch zu fragen, ob die Propagatoren der neuen Medien ganz unbewusst eine neue Lehrerrolle vorbereiten: die des Moderators, des Beraters und Betreuers? Würde die Software das Unterrichtsgeschehen tatsächlich im wesentlichen bestimmen („steuern"), dann könnte sich der Lehrer als technischer Verwalter verstehen: Er weist Geräte zu, teilt CDs oder Internet-Adressen aus, verwaltet den Computerraum. So weit sind wir allerdings nicht! Vielmehr hat der Lehrer in seiner Rolle als Betreuer Zeit, die einzelnen Gruppen, die ja meist unterschiedlich schnell arbeiten zu beraten, flexibel auf deren Wissensstand zu reagieren und neue Ziele zu setzen. „Die Lehrerrolle ist neu zu definieren - nicht in dem Sinne, dass Lehrer sich künftig nur noch als Techniker zu verstehen hätten, die bei Hard- und Softwareproblemen helfen, sondern Lehrer werden zunehmend Arrangeure, Moderatoren, Mentoren und - nicht zuletzt - Erzieher sein müssen. Darüber wird oft übersehen, dass auch die Rolle des Schülers neu zu fassen ist als eines Agenten seiner eigenen Lernprozesse." (SACHER 1997, S. 21)

Lassen Sie mich meine Ausführungen mit einer Aufforderung beenden: Wenn es den Teilnehmern dieses Forums in ihren jeweiligen Aufgabenfeldern oder Funktionen in den nächsten Wochen nicht gelingen sollte, weitere Lehrkräfte durch Rat und Tat zu unterstützen, die neuen Medien bereitwillig aufzunehmen, dann wären die Gespräche in diesem Kreise nur für den Elfenbeinturm gewesen.

Literatur

BAUER, W.: Multimedia in der Schule? In: ISSING, L.J./KLIMSA, P. (Hrsg.): Information und Lernen mit Multimedia, Weinheim 1997, S. 377–399

BOFINGER, J. / LUTZ, B. / SPANHEL, D.: Das Freizeit- und Medienverhalten von Hauptschülern, München 1999

LEUTNER, D.: Adaptivität und Adaptierbarkeit multimedialer Lehr- und Informationssysteme. In: ISSING, L. J. / KLIMSA, P. (Hrsg.): Information und Lernen mit Multimedia, Weinheim 1997, S. 139–149

SACHER, W.: Multimedia - und was wird aus der Schule? Schulpädagogische Untersuchungen Nürnberg, Nr. 4, Nürnberg 1997

SEIDL, A.: Die Diffusion und Adoption von Software für den Erdkundeunterricht, Geographie-didaktische Forschungen, Bd. 31, Nürnberg 1998

SPANHEL, D. / KLEBER, H.: Integrative Medienerziehung in der Hauptschule. In: Pädagogische Welt, H. 8 / 1996, S. 359–364

SPANHEL, D.: Erziehung in einer mediengeprägten Alltagswelt. In: LIEDTKE, M. (Hrsg.): Kind und Medien, Bad Heilbrunn 1997, S. 229–247

WEIDENMANN, B.: Multicodierung und Multimodalität im Lernprozess. In: ISSING, L. J. / KLIMSA, P. (Hrsg.): Information und Lernen mit Multimedia, Weinheim 1997, S. 65–84